Sandra Salmandjee
Fotos: Patrice Hauser
Foodstyling: Sophie Dupuis-Gaulier

INDISCHE KÜCHE

Die Grundlagen

h.f.ullmann

Inhaltsverzeichnis

Swaagat !*

*Herzlich willkommen!

Sandra Salmandjee alias Sanjee

Ihre einfallsreiche, moderne indische Küche lädt uns auf eine Reise nach Indien ein. Sandra Salmandjee, alias Sanjee, hat in diesem Buch Spezialitäten ihres Landes versammelt, die auch Feinschmeckern Freude machen. Bei ihr dreht sich alles um Geschmack und Aromen, Farben, gemeinsames Essen und Kochkunst. Sie kennt sich mit Gewürzen aus wie keine Zweite – Koriander, Ingwer, Kurkuma und Co. sind für sie kein Geheimnis. In ihren Rezepten, die sie von ihrer Familie übernommen hat, mischen sich verschiedene Kulturen: Eine Prise französische Gastronomie – Sanjee lebt in Frankreich – gesellt sich zu den vielen indischen Geschmackskomponenten, die sie ihren Vorfahren zu verdanken hat.

Die indische Küche

Indische Mahlzeiten lassen sich schwer mit europäischen vergleichen: Die Unterteilung in Vorspeise, Hauptgericht und Dessert gibt es in Indien nicht. Die Mahlzeit beginnt in der Regel mit einem kleinen, zumeist süßen Happen, der den Appetit anregen soll, und dann werden alle Speisen gleichzeitig auf dem Tisch oder einem Thali (einem in einzelne Fächer unterteilten Serviertablett) angerichtet. Die Mahlzeit setzt sich aus süßen, bitteren, salzigen, scharfen, sauren und herben Komponenten zusammen – die sechs Geschmacksrichtungen des Ayurveda, das A und O für eine gute Gesundheit. Alles wird folglich zusammen verspeist: Mithilfe eines Chapatis, eines flachen Fladenbrotes, formt man mit den Händen kleine, mundgerechte Essensportionen.

Die indische Küche ist raffiniert – wenn man aber erst einmal die Grundlagen beherrscht, ist sie gleichzeitig auch ganz einfach. Begleiten Sie mich auf meiner kulinarischen Reise und entdecken Sie meine besten indischen Rezepte!

Nudelholz und Unterlage für Chapati-Brot
Schwenkpfanne
Tawa-Pfanne (Crêpe-Pfanne)
kleine Pfanne zum Rösten der Gewürze

Schaumlöffel und
Küchenzange aus Holz
Gewürzmörser
und -stößel
Schneidebrett
Schöpfkelle
Reislöffel
Küchenmesser
Utensilien
Stieltopf

TRS
ASIA'S FINEST FOODS
COARSE SEMOLINA
500g
MUKHWAS PAN MASALA
(MOUTH FRESHNER)
Net Weight 100g
APPALAM
SUPER SPECIAL
RAJAH
Garam Masala

Zutaten

Wenn Sie typisch indisch kochen möchten, sind bestimmte Zutaten ein absolutes Muss, zum Beispiel Tamarindenpaste, Kichererbsenmehl, Curryblätter und Basmatireis. Sie sind in indischen bzw. asiatischen Lebensmittelgeschäften sowie in diversen Online-Shops erhältlich.

Ingwerwurzel
Knoblauch
Auberginen
rote Zwiebeln
Chilischoten
kleine grüne Mangos
Tomatenmark
Chapatimehl (Atta)
Kichererbsenmehl
NATCO
GRAM FLOUR
1kg 2.2 lb

Limetten

Frühlingszwiebeln

Perlzwiebeln

Mandeln

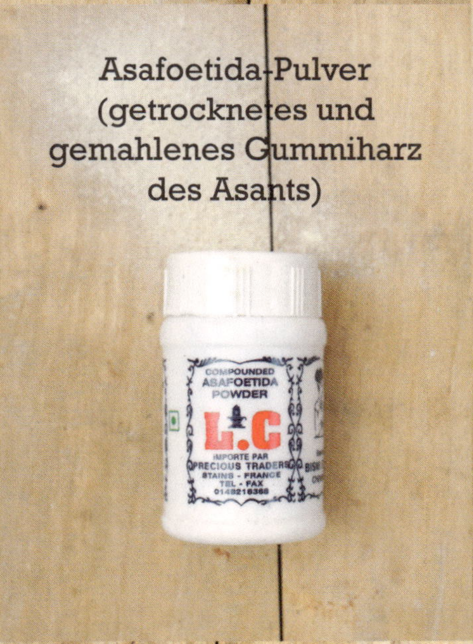

Asafoetida-Pulver (getrocknetes und gemahlenes Gummiharz des Asants)

Kaffernlimette

Curryblätter

Frühlingsrollenteig

Ghee (geklärte Butter)

Okraschoten
gezuckerte Kondensmilch
Kokosmilch
AROY-D
LAIT DE COCO
Cashewkerne
Panir (indischer Frischkäse)
Paneer
FULL FAT SOFT CHEESE
Papadams
Basmatireis
£1.99
Tilda
PURE
BASMATI
Maisstärke
weißer Sesam

Knoblauchpaste

Mangopüree
ANJU
Kesar
MANGO PULP
Pulpe de Mangue
Kesar
Net Weight / Poids Net 850g

Linsen

Mango-Chutney
PATAK'S
Chutney de Mangue

Pistazien

Kokosmilchpulver

Rosensirup
Rooh Afza

Tamarindenpaste
Tamarind

schwarzer Tee

Sternanis

Zimt

Kardamom

Kurkuma (Gelbwurz)

gemahlene Kurkuma

Bockshornklee

Lorbeerblätter

Muskat

Paprikapulver

Gewürznelken

weißer Pfeffer

Kreuzkümmel (Cumin)

Garam-Masala-
Gewürzmischung

gelbe Senfkörner

schwarze Senfkörner

getrocknete, gemahlene
Chilischoten (Chiliflocken)

gemahlener Ingwer

Safran

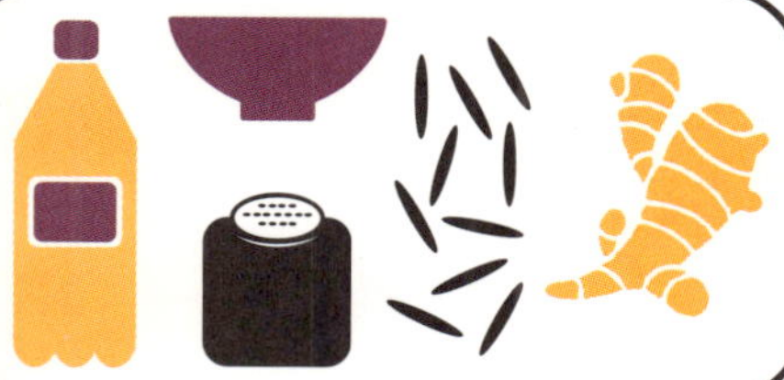

Grund-rezepte

Wer sich mit der indischen Küche vertraut machen möchte, sollte sich einige grundlegende Rezepte aneignen: die Zubereitung von Basmatireis, die Herstellung hausgemachter Currypaste und einige andere einfache, aber wichtige Basisrezepte … folgen Sie dazu einfach meinen Tipps!

Basmatireis

Für alle Rezepte in diesem Buch wird der berühmte Basmatireis verwendet – ich nehme beim Kochen ausschließlich diese Reissorte.

Bei der Ernährung der Inder spielt der Basmatireis eine wichtige Rolle, insbesondere im Süden Indiens, wo er angebaut wird. Da es sich um ein relativ teures Nahrungsmittel handelt, wird Basmatireis aber nicht täglich gegessen. Er ist folglich ein wichtiges Element auf dem Tisch und hat den Stellenwert eines Hauptgerichts.

Inder essen zum Basmatireis *dal* – Linsen oder andere Hülsenfrüchte. Auf diese Weise nimmt der Körper eine große Menge an essenziellen Aminosäuren (sogenannte „vollständige Proteine") auf, was für eine ausgewogene Ernährung sorgt.

Basmatireis gilt als hochwertige Reissorte und wird daher gerne zu besonderen Anlässen (Feste, Geburtstage, Hochzeiten) in Form eines Reisgerichtes namens Biryani serviert (siehe Rezept auf Seite 100).

Der Reis ist lange haltbar und wird mit der Zeit immer besser! Basmatireis gibt es inzwischen in allen Supermärkten; authentische indische Marken finden Sie in gut sortierten Asialäden sowie in diversen Online-Shops.

Aus Basmatireis lassen sich sogar Mehl und Crêpe- bzw. Krapfenteig herstellen.

Inder essen fast ausschließlich Basmatireis – eine von insgesamt 42.000 Reissorten auf der Welt!

Reiszubereitung

Zubereitungszeit: 10 Minuten
Garzeit: 15–20 Minuten
Ruhezeit: 10 Minuten

Zutaten für 4 Personen

250 g Basmatireis
½ gestrichener TL feinkörniges Salz

Den Reis mehrmals kalt abspülen und abtropfen lassen, bis das Wasser klar bleibt. Auf diese Weise wird der Basmatireis schön weiß und die Reiskörner kleben beim Kochen nicht aneinander. Wenn zeitlich möglich, den Reis mehrere Stunden einweichen: Je nach Qualität des Reises verlängern sich die Körner dadurch um 20 bis 25 Prozent.

Den Reis nach der sogenannten „Absorptionsmethode" kochen: Dazu den Reis in einen Topf geben und 375 Milliliter Wasser angießen. Salzen, den Deckel auflegen und das Ganze zum Kochen bringen. Anschließend 15 bis 20 Minuten (je nach Reismenge und Topfbeschaffenheit Garzeit ggf. anpassen) bei niedriger Temperatur garen.

Während der Reis das Wasser vollständig absorbiert, gart er gleichzeitig im Wasserdampf. Man darf also niemals den Deckel abnehmen, sonst riskiert man, dass der Dampf entweicht und seine Wirkung nicht mehr entfalten kann.

Den Reis, sobald er gar ist, noch gut 10 Minuten zugedeckt ruhen lassen.

Danach den Reis vorsichtig mit einer Gabel auflockern, ohne dabei die Reiskörner zu zerdrücken.

Gut zu wissen
Der Basmatireis hat lange, aromatische Reiskörner, die beim Kochen körnig bleiben und nicht zusammenkleben.

Zubereitungszeit: 5 Minuten
Garzeit: 18 Minuten
Ruhezeit: 10 Minuten

Zutaten für 4 Personen

5 Kardamomkapseln
250 g Basmatireis
½ TL feinkörniges Salz

Reis mit Kardamom-Aroma

Cardamom pulao

Die Kardamomkapseln in ein Stück Mullstoff wickeln und mit Küchengarn zubinden.

Den Reis zusammen mit den Kardamomkapseln, dem Salz und 375 Millilitern Wasser in einen Topf geben und zum Kochen bringen. Den Deckel auflegen und den Reis bei mittlerer Temperatur etwa 18 Minuten garen.

Anschließend den Herd ausschalten und den Reis noch 10 Minuten zugedeckt ruhen lassen.

Tipp
Dank des Mullsäckchens lassen sich die Kardamomkapseln nach dem Kochen leicht wieder entfernen. Zwingend notwendig für das Rezept ist es aber nicht.

Gewürze

Abgesehen von der Tatsache, dass sie gut für die Gesundheit sind (dank ihrer verdauungsfördernden, oxidationshemmenden und insgesamt heilungsfördernden Wirkung), verleihen Gewürze Ihren Speisen Aroma, Farbe und Geschmack.

Zu den typisch indischen Gewürzen zählen Kurkuma, Koriander, Kreuzkümmel, Bockshornklee, Kardamom, Gewürznelke, Zimt, Chili und Pfeffer. Andere Gewürze vervollständigen die Liste noch. Sie sind zwar weniger verbreitet, geschmacklich aber nicht minder interessant: Senfkörner, Fenchel, Muskatnuss, Safran usw.

Für ein einziges Gericht verwendet man häufig zwei bis fünf (oder sogar noch mehr) Gewürze.

Darüber hinaus gibt es auch noch Gewürzmischungen (allen voran das berühmte *Garam Masala),* die von indischen Hausfrauen meist selbst hergestellt werden. Wörtlich übersetzt bedeutet *garam* „heiß“ und *masala* „Mischung“; es handelt sich dabei um einen Mix aus schwarzem Pfeffer, Kreuzkümmel, Gewürznelken, Kardamom, Zimt und Lorbeer. Die Gewürze können im Ganzen oder gemahlen verwendet werden. Auch die genauen Mengen sind nicht präzise festgeschrieben. Jedes Garam Masala ist daher einzigartig und stellt eine individuelle Mischung des Kochs bzw. der Köchin dar. Mein Garam-Masala-Rezept lautet wie folgt: 2 Teelöffel schwarzer Pfeffer, 3 Teelöffel Kreuzkümmelsamen, 1 Teelöffel Gewürznelken, 1 Teelöffel Kardamomsamen, 1 Zimtstange und 2 bis 3 Lorbeerblätter. Sie können die Gewürze entweder fein mahlen oder ganz lassen.

Bei dem Currypulver, das man im Supermarkt kaufen kann, handelt es sich ebenfalls um eine Mischung aus traditionellen indischen Gewürzen.

Tipp

Bewahren Sie Ihre Gewürze und Ihr Garam Masala am besten in luftdicht verschlossenen, lichtundurchlässigen Behältern auf. Die Gewürze auch keiner Wärme aussetzen, da sie sonst ihr Aroma verlieren können.

Currypaste

Diese Paste dient als Basis für zahlreiche indische Speisen. Sie können sie beispielsweise für die Zubereitung des berühmten Currygerichts *Chicken Tikka Masala* verwenden (siehe Rezept auf Seite 88). Für eine schnelle Variante einfach 200 Milliliter Kokosmilch unter die Currypaste mischen und darin 200 Gramm Hähnchenbruststückchen schmoren lassen.

Zubereitungs- und Garzeit: 35 Minuten
Ruhezeit: 1 Stunde

Zutaten für ein Einmachglas (etwa 250 g)

20 g ungeröstete, ungesalzene Cashewkerne
Gewürze (ganz): 3 Kardamomkapseln, 2 Gewürznelken, 2 Lorbeerblätter
neutrales Pflanzenöl
1 fleischige, milde grüne Chilischote (optional)
4 Zwiebeln, fein gehackt
4 Knoblauchzehen, püriert, oder 1 EL Knoblauchpaste (siehe Rezept Seite 26)
4 cm frische Ingwerwurzel, püriert, oder 1 EL Ingwerpaste (siehe Rezept Seite 26)
Gewürze (gemahlen): 1 TL Garam-Masala-Gewürzmischung, 1 EL Kreuzkümmel, 1 EL Koriander, ½ TL Kurkuma
1 TL feinkörniges Salz
3 EL Tomatenmark

Zuerst ein Cashewmus zubereiten: Dazu die Cashewkerne 1 Stunde in 250 Millilitern Wasser einweichen, dann im Standmixer oder in der Küchenmaschine fein pürieren, bis eine cremige Masse entstanden ist.

Kardamomkapseln, Gewürznelken und Lorbeerblätter in einer großen Schwenkpfanne in 4 Esslöffeln Pflanzenöl bei hoher Temperatur 5 Minuten anrösten.

Die grüne Chilischote entkernen und fein hacken, dann zusammen mit den Zwiebelstückchen in die Pfanne geben und das Ganze unter Rühren 10 Minuten dünsten, bis die Zwiebeln glasig werden.

Knoblauch, Ingwer, alle gemahlenen Gewürze und das Salz hinzufügen. Alles gut miteinander vermischen und 150 Milliliter Wasser angießen. Sobald die Flüssigkeit verdampft ist, Tomatenmark und Cashewmus zugeben. Weitere 10 Minuten bei mittlerer Temperatur einköcheln lassen.

Tipp
Die Currypaste ist 7 bis 10 Tage im Kühlschrank haltbar und kann auch eingefroren werden.

Knoblauch- und Ingwerpaste

Zubereitungszeit: 5 Minuten

Zutaten für etwa 250 g Paste

Knoblauchpaste
250 g Knoblauch
4–5 EL neutrales Pflanzenöl

Ingwerpaste
250 g frische Ingwerwurzel (in Bio-Qualität)
4–5 EL neutrales Pflanzenöl

Knoblauch und Ingwer bilden die Basis für die meisten indischen Gerichte. Dass es beides auch in Pastenform gibt, vereinfacht die tägliche Verwendung erheblich. Selbst ein Mix aus beiden Pasten lässt sich herstellen, indem man Knoblauch- und Ingwerpaste einfach zu gleichen Teilen miteinander vermengt. In den Curry-Rezepten dienen diese Pasten als Ersatz für frischen Knoblauch (1 Teelöffel Knoblauchpaste ersetzt 3 Knoblauchzehen) bzw. frischen Ingwer (1 Teelöffel Ingwerpaste ersetzt 3 cm frische Ingwerwurzel).

Knoblauchpaste: Die Knoblauchzehen schälen und mit dem Pflanzenöl im Mixer fein pürieren.

Ingwerpaste: Die Ingwerwurzel(n) schälen und mit dem Pflanzenöl im Mixer fein pürieren.

Tipp

In einem Einmachglas mit Deckel sind die Pasten im Kühlschrank 3 bis 4 Wochen haltbar. Die Pasten jeweils mit einem Schuss Pflanzenöl bedecken, damit sie nicht oxidieren.

Panir

Panir, der einzigartige indische Käse, wird aus Kuhvollmilch hergestellt. Man verwendet ihn in fester Form (in Würfel geschnitten und häufig in Ghee goldbraun gebraten) oder auch noch etwas flüssig (als Bindemittel in der Sauce einiger Gerichte).

Zubereitungszeit: 10 Minuten
Garzeit: 5 Minuten
Ruhezeit: 1 Stunde

Zutaten für etwa 150 g Panir-Frischkäse

1 l Vollmilch
3 EL heller Essig
1 Stück Baumwoll-Mull
(oder ein Geschirrtuch)

Die Milch aufkochen und dabei nicht aus den Augen lassen. Sobald die Milch kocht, den Herd ausschalten und den Essig zur Milch gießen. Die Milch 10 Minuten gerinnen lassen. Den entstandenen Frischkäse in das Tuch füllen. Die Flüssigkeit auffangen und das Tuch kräftig zusammendrücken, um so viel Wasser wie möglich aus dem Käse zu pressen.

Den Panir dann entweder im Geschirrtuch belassen, sodass er die Form eines dicken Kieselsteins erhält, oder in einem Behälter nach Wahl in Form bringen. Wer an dieser Stelle des Rezeptes aufhört, erhält einen Panir-Käse, der als Bindemittel in Saucen dienen kann.

Oben auf dem Behälter ein Gewicht platzieren. Den Panir im Geschirrtuch unter dem Gewicht 30 Minuten ruhen lassen. Anschließend den Käse aus dem Tuch nehmen und in Frischhaltefolie gewickelt 30 Minuten im Kühlschrank aufbewahren.

Und schon ist der Panir-Käse fertig! In etwa 2 cm große Stücke schneiden.

Bitte keine fettarme Milch verwenden! Sonst riskieren Sie am Ende, mit ein paar kümmerlichen Gramm Panir dazustehen.

Tipp

In der beiseitegestellten Flüssigkeit oder einfach in etwas kaltem Wasser hält der Panir sich bis zu 1 Woche im Kühlschrank. Sie können den Käse aber auch einfrieren.

Ghee

Geklärte Butter

Ghee bzw. geklärte Butter ist etwas, das in Indien tagtäglich verwendet wird und das sowohl für herzhafte als auch für süße Speisen sowie für alle Garmethoden geeignet ist. Im Gegensatz zu herkömmlicher Butter lassen sich in dieser gekochten, von Eiweiß befreiten Butter Gewürze so rösten, dass sie dabei nicht anbrennen.

Die grob gewürfelte Butter in einem Topf mit schwerem Boden bei mittlerer Temperatur 45 bis 60 Minuten (je nach Wassergehalt der Butter) sanft köcheln lassen. Von Zeit zu Zeit mit einem Löffel den Schaum abschöpfen.

Die Butter, sobald sie klar und goldgelb ist, durch ein Seihtuch oder ein sehr feinmaschiges Sieb filtern, um Rückstände zu entfernen.

Das fertige Ghee in ein Glasgefäß mit Deckel gießen. Sobald es abgekühlt ist, im Kühlschrank (dort wird es fest) oder bei Zimmertemperatur aufbewahren.

Für Inder ist Ghee mehr als nur ein simples Kochfett: Zum einen wird es nicht so heiß wie Öl, das die Hitze noch verstärkt. Zum anderen nimmt Ghee die gesunden Inhaltsstoffe der Lebensmittel und Gewürze in sich auf bzw. verstärkt ihre Wirkung beim Kochen noch – im Unterschied zum Öl, das die Zutaten verändert.

Tipp

Wer mag, kann Ghee auch fertig kaufen und bei Zimmertemperatur aufbewahren.

Zubereitungszeit: 10 Minuten
Garzeit: 45–60 Minuten

Zutaten für 500 ml Ghee

2 Päckchen Butter (in Bio-Qualität)
1 Seihtuch oder ein sehr feinmaschiges Sieb zum Filtern der Butter

Tamarinden-Chutney
Kokos-Chutney
Minz-Chutney
Koriander-
Chutney

Chutneys

Mango-Chutney

Gut zu wissen

Chutneys werden als Beilage zu fast allen indischen Mahlzeiten gereicht. Sie verleihen den Speisen eine leckere Zusatznote und runden sie gleichzeitig ab.

Chutneys

Zutaten jeweils für 4 Personen

Tipp

Chutneys eignen sich auch hervorragend, um ein Sandwich oder gegrilltes Fleisch geschmacklich aufzupeppen!

Minz-Chutney

Zubereitungszeit: 15 Minuten

1 Becher griechischer Joghurt
1 Bund frische Minze
Saft von 1 Limette
2 cm frische Ingwerwurzel, geschält und klein gehackt
½ TL Salz

Im Mixer die Hälfte des Joghurts zusammen mit den Minzeblättern, dem Limettensaft, den Ingwerstückchen und dem Salz zerkleinern.

Sobald alles fein püriert ist, den restlichen Joghurt zugeben. Vor dem Servieren 1 Stunde im Kühlschrank kalt stellen.

Dank des Salzes lassen sich die Kräuter sehr fein mixen. Sie können das Salz auch als Erstes in den Mixbehälter der Küchenmaschine füllen.

Kokos-Chutney

Zubereitungszeit: 15 Minuten

100 g frische (oder getrocknete) Kokosraspel
2 EL neutrales Pflanzenöl
1 TL Kreuzkümmelsamen
1 TL Senfkörner
Saft von 1 Limette
1 grüne Chilischote, entkernt und fein gehackt
1/3 TL Salz

Falls getrocknete Kokosraspel verwendet werden, sollten sie zunächst etwa 1 Stunde in ausreichend lauwarmem Wasser eingeweicht werden.

Das Pflanzenöl in einer kleinen Pfanne erhitzen und darin die Kreuzkümmelsamen und die Senfkörner 5 Minuten bei hoher Temperatur anrösten. Anschließend beiseitestellen.

Die frisch geriebene Kokosnuss bzw. die eingeweichten und abgetropften Kokosraspel, 1 Esslöffel Wasser, den Limettensaft, die grünen Chilistückchen und das Salz in den Mixbehälter der Küchenmaschine füllen.

Das Ganze fein pürieren, dann den Pfanneninhalt (Öl, Kreuzkümmelsamen und Senfkörner) hinzufügen. Erneut kurz durchmixen, um die Gewürze unterzumischen.

Tamarinden-Chutney

Zubereitungszeit: 20 Minuten
Garzeit: 15 Minuten

150 g Tamarindenpaste
1 EL gemahlener Koriander
1 TL gemahlener Kreuzkümmel
1 TL Chilipulver
2 EL Rohrzucker
½ TL Salz

Die Tamarindenpaste mit 200 Millilitern lauwarmem Wasser verrühren und 15 Minuten ruhen lassen, dann das Ganze durch ein Sieb abseihen.

Das Tamarindenwasser in einem Topf mit allen Gewürzen, dem Rohrzucker und dem Salz vermischen und aufkochen.

Bei niedriger Temperatur 15 Minuten einköcheln lassen, dann in ein trockenes Glasgefäß füllen. Gut verschließen und das Chutney, sobald es abgekühlt ist, im Kühlschrank aufbewahren.

Mango-Chutney

Zubereitungszeit: 15 Minuten
Garzeit: 45 Minuten

1 Mango
neutrales Pflanzenöl
1 TL Senfkörner
2 EL extrafeiner Rohrzucker
2 EL Honig
2 cm frische Ingwerwurzel, gerieben
½ TL Chilipulver
¼ TL Salz
2 EL Essig

Die Mango schälen, dann das Fruchtfleisch in kleine Würfel schneiden.

Etwas Öl in einer Schwenkpfanne erhitzen. Darin die Senfkörner platzen lassen, ohne dass sie dabei anbrennen. Anschließend Mangowürfel, Rohrzucker, Honig, geriebenen Ingwer, Chilipulver und Salz zugeben. Das Ganze bei niedriger Temperatur 20 Minuten zugedeckt zu Kompott einkochen und dabei gut im Auge behalten.

Den Essig hinzufügen und alles zusammen bei schwacher Hitze weitere 20 Minuten köcheln lassen (diesmal ohne Deckel!). Abkühlen lassen und danach im Kühlschrank aufbewahren.

Zutaten jeweils für 4 Personen

Koriander-Chutney

Zubereitungszeit: 15 Minuten

2 Knoblauchzehen und etwa 3 cm frische Ingwerwurzel (oder 1 TL Knoblauch-Ingwer-Paste, siehe Rezept Seite 26)
1 grüne Chilischote
1 Bund frischer Koriander
Saft von 1 Limette
1 EL weiße Sesamsamen
3 EL neutrales Pflanzenöl
1 TL Rohrzucker
½ TL Salz

Die Knoblauchzehen schälen. Den Ingwer ebenfalls schälen und grob in Stücke schneiden.

Die Chilischote entkernen und den Stiel entfernen. Das Koriandergrün waschen. Alle Zutaten in den Mixbehälter der Küchenmaschine füllen und fein pürieren.

Das Koriander-Chutney im Kühlschrank aufbewahren.

Zubereitungszeit: 15 Minuten
Garzeit: 10 Minuten

Zutaten für 1 großes Einmachglas (500 ml)

500 g Gemüse nach Wahl:
Perlzwiebeln, Möhren,
grüne Mangos, Chilischoten,
frischer Ingwer etc.
2 EL gelbe Senfkörner, zerstoßen
1 EL Bockshornkleesamen
1 EL neutrales Pflanzenöl
Salz
150 ml Weißweinessig

Pickles

Die ursprünglich aus dem angelsächsischen Raum stammenden Pickles (in Essig eingelegtes knackiges Gemüse) sind mittlerweile fester Bestandteil indischer Mahlzeiten. Es handelt sich dabei um eine Mischung aus blanchiertem Gemüse und Gewürzen, die dank des Essigs sehr lange haltbar ist. Verzehrt man diese Mixed Pickles zusammen mit anderen Speisen, kitzeln sie die Geschmacksnerven wach und verleihen dem Essen eine angenehm säuerliche Note.

Das Gemüse in Stäbchen oder Scheiben schneiden. Die kleinen Zwiebeln halbieren.

Senfkörner und Bockshornkleesamen im Pflanzenöl anbraten, bis sie eine braune Färbung annehmen, dann beides zum Gemüse geben. Gut umrühren und mit Salz würzen. Den Gemüse-Gewürz-Mix in das Einmachglas füllen und beiseitestellen.

Den Essig mit 150 Millilitern Wasser zum Kochen bringen. Die kochend heiße Flüssigkeit über das rohe Gemüse gießen und abkühlen lassen.

Das Glasgefäß schließen und vor dem Verzehr mindestens 3 Tage im Kühlschrank aufbewahren.

Die Pickles sind 2 bis 3 Monate im Kühlschrank haltbar.

Chapati

Zubereitungszeit: 30 Minuten
Ruhezeit: 1 Stunde
Backzeit: 10 Minuten pro Chapati-Brot

Zutaten für 6 Stück

½ TL Salz
300 g Weizenmehl (Type 1050) oder Atta-Mehl (im indischen Spezialitätengeschäft oder in Online-Shops erhältlich)
3 EL neutrales Pflanzenöl
Ghee oder Butter

Diese kleinen, flachen Fladenbrote aus Atta-Mehl (oder Weizenmehl mit mittlerer Typenzahl) sind für Inder das, was das Baguette für die Franzosen ist! Einmal in der Woche ist bei indischen Frauen Chapati-Backtag; danach halten sich die Brote den Rest der Woche in einem feuchten Tuch.

Für den Teig in einer Schüssel das Salz in 150 Millilitern lauwarmem Wasser auflösen. Das Mehl sieben und in einer Schüssel mit dem Öl vermischen. Nach und nach das Salzwasser zum Teig gießen.

Den Teig etwa 10 Minuten durchkneten, bis er schön fest und gleichzeitig elastisch ist. Anschließend die Schüssel mit einem feuchten Geschirrtuch abdecken und den Teig 1 Stunde ruhen lassen.

Danach den Teig in 6 gleich große Kugeln teilen. Diese zu 2 mm dicken Kreisen von je etwa 20 cm Durchmesser ausrollen.

Eine Crêpe-Pfanne erhitzen und den ersten Chapati-Fladen hineingeben. Bei mittlerer Hitze 5 Minuten ausbacken. Sobald sich Bläschen bilden, den Fladen vorsichtig mit der Gabel flach drücken. Danach wenden und auf der anderen Seite 5 Minuten goldbraun backen. Das Chapati-Brot mit einem Stückchen Butter oder Ghee bestreichen. Mit den übrigen Fladen ebenso verfahren.

Die fertigen Fladenbrote auf einem mit Alufolie ausgelegten Teller stapeln und bei 40–50 °C im Backofen warm halten.
Falls Sie die Chapati-Fladen aufbewahren möchten (maximal 5 Tage), wickeln Sie sie in ein feuchtes Geschirrtuch, damit sie nicht austrocknen, und backen Sie sie vor dem Verzehr im Backofen auf.

Gut zu wissen

Es gibt eine Vielzahl indischer Brote; fast alle sind flache, runde Fladen – aus Hefe- oder nicht aufgehendem Teig, aus Weizen-, Vollkorn- oder indischem Mehl.

Naan

Zubereitungszeit: 40 Minuten
Ruhezeit: 1–2 Stunden
Backzeit: 10 Minuten
pro Naan-Brot

Zutaten für 6 Stück

500 g Weizenmehl plus etwas Mehl für die Arbeitsfläche
1 TL Salz
1 TL Zucker
4 EL neutrales Pflanzenöl
1 Becher bulgarischer oder cremiger Joghurt (125 g)
8 g frische Hefe
Ghee oder Butter

Naans sind auf der Basis von Weizenmehl und Hefeteig hergestellte Fladenbrote (sie enthalten frische Hefe). Da ihre Zubereitung etwas komplexer und zeitaufwendiger ist als die der Chapatis (sie erfordern eine längere Knet- und Ruhephase), werden Naan-Brote meist nur zu besonderen Anlässen wie Hochzeiten, Geburtstagen usw. gebacken.

Für den Teig Mehl, Salz und Zucker miteinander vermischen. In der Mitte eine kleine Mulde formen und Öl, Joghurt, Hefe sowie 90 Milliliter Wasser hineingeben.

Das Ganze in der Küchenmaschine oder mit den Händen etwa 15 bis 20 Minuten durchkneten, bis der Teig schön geschmeidig ist und nicht mehr an den Wänden der Rührschüssel kleben bleibt.

Nach und nach weitere 90 Milliliter Wasser unterkneten, bis ein glatter Teig entstanden ist. Für die gewünschte Konsistenz (ein elastischer Teig, der nicht klebt) die Wasser- bzw. Mehlmenge gegebenenfalls anpassen.

Den Teig mit einem Geschirrtuch abdecken und an einem trockenen, warmen Ort ruhen lassen, bis er sein Volumen dank der Hefe verdoppelt oder sogar verdreifacht hat.

Nach 1 bis 2 Stunden aus dem aufgegangenen Teig 6 mandarinengroße Kugeln formen und auf die bemehlte Arbeitsfläche legen.

Die Teiglinge nacheinander flach drücken, sodass Fladen von etwa 25 cm Durchmesser entstehen.

Wer keinen Tandoor-Ofen hat, kann die Naans in einer großen Schwenkpfanne mit Deckel ausbacken.

Sobald die Pfanne heiß ist, den ersten Naan-Fladen hineingeben, den Deckel aufsetzen und den Fladen nach 5 Minuten wenden.

Auf den fertigen Naan ein Flöckchen Ghee oder Butter geben und sofort servieren. Mit den restlichen Naans ebenso verfahren.

Tipp

Die Naan-Brote am besten immer sofort verzehren! Ansonsten in Alufolie im Backofen aufbacken.

Zubereitungszeit: 1 Stunde
Ruhezeit: 1–2 Stunden
Backzeit: 10 Minuten pro Käse-Naan

Zutaten für 6 Käse-Naans

- 500 g Weizenmehl
- 1 TL Salz
- 1 TL Zucker
- 4 EL neutrales Pflanzenöl
- 1 Becher bulgarischer oder cremiger Joghurt (125 g)
- 8 g frische Hefe
- 9 Schmelzkäse-Ecken, mit der Gabel zerkrümelt
- Ghee oder Butter

Naan mit Käsefüllung

Cheese naan

Traditionell werden die Käse-Naans mit Panir gefüllt (siehe Rezept Seite 29). In Frankreich wird für die Füllung gerne der heimische Schmelzkäse verwendet. Inder würden diese Kombination niemals essen, aber die Europäer dürfen sie natürlich gern zubereiten …

Den Naan-Teig zubereiten (siehe Rezept Seite 40). Aus dem Teig 6 mandarinengroße Kugeln formen.

In der Mitte der Teiglinge jeweils eine kleine Vertiefung formen, jeweils 1 großzügigen Esslöffel Schmelzkäse hineingeben und darüber wieder gut mit Teig verschließen, bis erneut eine Kugel entstanden ist.

Die Teiglinge zu Fladen von etwa 20 cm Durchmesser flach drücken und dabei sehr vorsichtig vorgehen, damit keine Löcher im Teig entstehen.

Wer keinen Tandoor-Ofen hat, kann die Naans in einer großen Schwenkpfanne mit Deckel ausbacken.

Sobald die Pfanne heiß ist, den ersten Käse-Naan-Fladen hineingeben, den Deckel aufsetzen und den Fladen nach 5 Minuten wenden.

Auf den fertigen Käse-Naan ein Flöckchen Ghee oder Butter geben und mit den übrigen Fladen ebenso verfahren. Sofort servieren.

Paratha mit Korianderfüllung

Kothimbir paratha

Zubereitungszeit: 45 Minuten
Ruhezeit: 1 Stunde
Backzeit: 10 Minuten pro Paratha

Zutaten für 4 Stück

Bei Paratha handelt es sich um die raffinierte Variante des Chapati-Brotes. Da ein Paratha aus mehreren Schichten besteht, kann man hier nicht mehr von einem simplen Fladenbrot sprechen.

Für den Chapati-Teig
½ TL Salz
100 ml lauwarmes Wasser
200 g Weizenmehl (Type 1050) oder Atta-Mehl (im indischen Spezialitätengeschäft oder in Online-Shops erhältlich) plus etwas Mehl für die Arbeitsfläche
2 EL neutrales Pflanzenöl oder geschmolzenes Ghee

Für die Füllung
2 EL weiche Butter oder geschmolzenes Ghee
1 EL Knoblauchpaste (siehe Rezept Seite 26)
5–6 Stängel frischer Koriander, fein gehackt

Den Chapati-Teig zubereiten (siehe Rezept Seite 38, Abschnitte 1 und 2). Für die Parathas aus dem Chapati-Teig 2 Teigkugeln à etwa 100 Gramm formen.
Die Teiglinge jeweils zu einem großen, 1,5 bis 2 mm dünnen Rechteck ausrollen. Teiglinge und Arbeitsfläche vor dem Ausrollen mit Mehl bestäuben.

Das erste Teigrechteck zunächst mit der weichen Butter oder dem Ghee einpinseln, danach mit der Knoblauchpaste bestreichen und anschließend mit dem gehackten Koriander bestreuen. Das Rechteck von der Schmalseite her einrollen, die Rolle dann in der Mitte durchschneiden, sodass zwei Teigrollen entstehen. Diese zu Fladen von etwa 15 cm Durchmesser flach drücken. Mit dem zweiten Teigrechteck ebenso verfahren.

Eine Crêpe- oder Chapati-Pfanne (Tawa) erhitzen und das erste Paratha hineingeben. Nach etwa 5 Minuten, wenn es leicht zu rauchen beginnt, das Fladenbrot wenden. Mit Butter (oder Ghee) bestreichen und auf der anderen Seite 5 Minuten weiterbacken.

Raita

Raita mit Spinat

Raita mit Gurke und Minze

Raita mit Mango
und Koriander

Raita mit Tomate
und Ingwer

Raita

Zutaten jeweils für 4 Personen

Raita ist eine kleine Beilage, die aus Vollmilchjoghurt und Gemüse oder teilweise auch aus Früchten besteht. Es wird nur ganz leicht gewürzt, damit sich der Gaumen von den geschmacksintensiven indischen Mahlzeiten erholen kann. Wer möchte, kann Raita auch gut anstelle von Salat zu gegrilltem Fleisch servieren.

Raita mit Spinat

Zubereitungszeit: 15 Minuten
Garzeit: 5 Minuten

1 Knoblauchzehe, klein gehackt
1 TL Butter (oder Ghee)
1 Handvoll frische Spinatblätter, klein gehackt
Salz
2 Becher griechischer Joghurt

In einer Pfanne die Knoblauchstückchen in der Butter (oder dem Ghee) 5 Minuten bei mittlerer Temperatur andünsten. Den gehackten Spinat zugeben und einige Minuten mitdünsten. Salzen und abkühlen lassen.

Den Spinat-Knoblauch-Mix, sobald er abgekühlt ist, vorsichtig mit dem Joghurt vermischen. Zimmerwarm servieren.

Raita mit Gurke und Minze

Zubereitungszeit: 15 Minuten

½ Salatgurke
Salz
2 Becher griechischer Joghurt
1 EL Limettensaft
1 Prise gemahlener Kreuzkümmel
5–6 Stängel frische Minze, fein gehackt

Die Salatgurke schälen, von Kernen befreien und mit einer Reibe grob raspeln. Salzen und beiseitestellen.

Mithilfe eines Schneebesens den Joghurt zusammen mit dem Limettensaft und dem gemahlenen Kreuzkümmel schaumig aufschlagen. Die geriebene Gurke abtropfen lassen, dann zusammen mit der gehackten Minze unter die Joghurtmasse ziehen.

In den Kühlschrank stellen und dort vor dem Servieren 1 Stunde ruhen lassen.

Gut zu wissen

Raitas lassen sich je nach Geschmack und Jahreszeit beliebig abwandeln – alles ist möglich! Wie wäre es mit einem selbstkreierten Raita-Rezept?

Raita mit Mango und Koriander

Zubereitungszeit: 15 Minuten

2 Becher griechischer Joghurt
1 EL Limettensaft
Salz
½ reife, aber noch etwas feste Mango
5–6 Stängel frischer Koriander, fein gehackt
1 kleines Stück frische Ingwerwurzel, geschält und fein gerieben

Mithilfe eines Schneebesens den Joghurt zusammen mit dem Limettensaft und dem Salz schaumig aufschlagen. Beiseitestellen.

Die Mango schälen und in 1 cm dicke Würfel schneiden. Zusammen mit dem gehackten Koriander und dem geriebenen Ingwer unter die Joghurtmasse mischen.

In den Kühlschrank stellen und dort vor dem Servieren 1 Stunde ruhen lassen.

Raita mit Tomate und Ingwer

Zubereitungszeit: 15 Minuten

2 Becher griechischer Joghurt
1 EL Limettensaft
Salz
1 Tomate
1 rote Zwiebel oder 3–4 kleine Perlzwiebeln
einige Korianderblättchen
1 kleines Stück frische Ingwerwurzel

Mithilfe eines Schneebesens den Joghurt zusammen mit dem Limettensaft und dem Salz schaumig aufschlagen. Beiseitestellen.

Die Tomate kreuzweise einschneiden, in kochendes Wasser tauchen und die Haut abziehen, entkernen und in Stücke schneiden. Die Zwiebel und die Korianderblättchen fein hacken, danach den Ingwer reiben.

Alle Zutaten mit der aufgeschlagenen Joghurtmasse vermischen und mindestens 1 Stunde im Kühlschrank ruhen lassen.

Thali

Als Thali wird in der indischen Küche eine Mahlzeit bezeichnet, die aus verschiedenen Bestandteilen zusammengestellt wird. Jedes Schälchen trägt zu einer ausgewogenen Ernährung bei. Ein Thali enthält meist neben einer kleinen Portion Fisch oder Fleisch von etwa 100 g (falls es sich um eine vegetarische Mahlzeit handelt, wird stattdessen Gemüse oder Panir serviert) jeweils eine Portion Kartoffeln, grünes Gemüse (das ist ein Muss!), Linsen (Dal), ein Raita, ein Chutney und einen saisonalen Rohkostsalat oder Pickles sowie einen kleinen süßen Leckerbissen. In der Mitte des runden Tabletts, das ebenfalls Thali genannt wird, findet man eine Schale mit Reis (meistens weißer Reis), ein Chapati- und ein Papadam-Brot.

Thali-Vorschlag Nr. 1

Kartoffelcurry mit Blumenkohl und Erbsen (S. 118)
Curry mit gelben Mungbohnen (S. 112)
Mango-Chutney (S. 35)
Spinat mit Panir (S. 120)
Perlzwiebel-Pickles (S. 36)
Raita mit Tomate und Ingwer (S. 49)
Bananen-Halva (S. 141)

Thali-Vorschlag Nr. 2

Tamarinden-Chutney (S. 35)
Frittierte Okras (S. 125)
Auberginenpüree-Curry (S. 117)
Cremiges Curry mit grünen Linsen (S. 112)
Tandoori-Hähnchen (S. 82)
Ingwer-Pickles (S. 36)
Süße Mandelschnitten (S. 137)

Lunchbox

Die Lunchbox ist in Indien eine echte Institution und zwar ganz besonders in großen Städten. Am Vormittag kochen die Frauen ganz traditionell für ihre arbeitenden Ehemänner. Danach kommt ein Bote *(dabbawalla)* vorbei, um die Lunchbox abzuholen und sie an den Arbeitsplatz des Mannes zu bringen. In dem Behälter ist immer ein Fach für Brot oder Reis, eines für ein Gemüsegericht und ein letztes für Linsen (Dal) vorgesehen. Da Desserts in Indien nahezu unbekannt sind, knabbert man stattdessen am Nachmittag einen kleinen süßen Happen (auf Hindi *Mithai* genannt).

Lunchbox-Vorschlag Nr. 1

Panir-Gemüse-Bällchen in cremiger Sauce (S. 122)
Basmatireis mit Kardamom-Aroma (S. 20)
Raita mit Mango und Koriander (S. 49)

Lunchbox-Vorschlag Nr. 2

Frittierte Okras (S. 125)
Tandoori-Hähnchen (S. 82)
Naan (S. 40)

Lunchbox-Vorschlag Nr. 3

Kartoffelcurry mit Blumenkohl und Erbsen (S. 118)
Cremiges Curry mit grünen Linsen (S. 112)
Chapati (S. 38)

COBRA
COBRA

Snacks

Da Inder große Streetfood-Fans sind, durfte dieses Kapitel hier natürlich nicht fehlen. In Indien wird überall und zu jeder Tageszeit etwas auf die Schnelle gegessen: Süßes oder Herzhaftes, Getränke usw. Es gibt keine Regel – Inder lieben es ganz einfach, zu knabbern!

Samosas

Was wäre der indische Straßenverkauf ohne die Samosas: Überall im Land und an jeder Ecke kann man sie essen, in jedem *Dhaba* (einfaches Straßenlokal), an jedem noch so kleinen Verkaufsstand sind sie zu bekommen.
Die bekannteste und gleichzeitig auch nahrhafteste Samosa-Variation ist die mit einer Kartoffelcurry-Füllung. Für den Teig gibt es zwei Möglichkeiten: Der fertig gekaufte Frühlingsrollenteig ist die moderne und der selbst geknetete Samosa-Teig die traditionelle Version. Jetzt brauchen Sie sich nur noch für Ihren Lieblingsteig zu entscheiden! Darüber hinaus stelle ich Ihnen auch zwei verschiedene Faltmethoden vor: die traditionelle (Schritt-für-Schritt-Fotoanleitung Seite 57–58) und die schnelle Methode (Schritt-für-Schritt-Fotoanleitung auf dieser Seite).

Der traditionelle Samosa-Teig

Zubereitungszeit: 15 Minuten
Ruhezeit: 30 Minuten

250 g Mehl
½ TL Salz
2 EL cremiger Joghurt
2 EL Sonnenblumenöl

Mehl und Salz vermischen, dann eine Mulde formen. Joghurt und Öl hineingeben und alles miteinander vermengen.

Nach und nach etwas Wasser zugießen und dabei kräftig kneten, bis eine schöne Kugel entstanden ist. Die Teigkugel 30 Minuten ruhen lassen.

Den Teig dünn ausrollen. Mit einer Ausstechform Teigkreise von 10 cm Durchmesser ausstechen.

Samosas aus Fertigteig

Zutaten für 12 Samosas

6 Lagen fertiger Frühlingsrollenteig
1 EL Mehl
2 EL Wasser
Frittieröl

Die 6 Teiglagen in zwei Hälften schneiden, um 12 Rechtecke zu erhalten. Die Rechtecke jeweils entlang der Mittellinie falten, sodass 12 Streifen entstehen.

Aus mit Wasser verrührtem Mehl einen Kleber anrühren.

Den ersten Teigstreifen quer auf die Arbeitsfläche legen und am linken Rand mit 1 Esslöffel Füllung belegen.

Die linke obere Teigecke über die Füllung klappen und an den Rändern fest andrücken, sodass ein Dreieck entsteht. Diesen Faltvorgang noch dreimal wiederholen (vgl. Fotoanleitung Seite 58). Zum Schluss etwas „Kleber" auf das letzte Teigdreieck streichen, um es anschließend auf der Teigtasche zu befestigen (siehe Foto Seite 58 unten).

Das Öl in einer Frittierpfanne 2 cm hoch angießen und erhitzen, bis es schön heiß ist, aber noch nicht raucht. Die Samosas im heißen Öl von beiden Seiten je 3 Minuten bei mittlerer Temperatur unter mehrmaligem Wenden knusprig goldbraun ausbacken.

Auf Küchenpapier abtropfen lassen und sofort verzehren.

Vegetarische Samosas Aloo samosa

Zubereitungszeit: 15 Minuten
Frittierzeit: 10 Minuten

Zutaten für 8 Stück

Für den Teig
siehe Zutaten Seite 56

Für die Füllung
150 g Möhren
500 g Kartoffeln
3 cm frische Ingwerwurzel
neutrales Pflanzenöl
1 TL Senfkörner
1 TL Kreuzkümmelsamen
150 g TK-Erbsen
4–5 Stängel frischer Koriander, Blättchen abgezupft und fein gehackt
Saft von 1 Limette zum Servieren

Einen Samosa-Teig nach dem Rezept auf Seite 56 zubereiten.

Möhren und Kartoffeln schälen und würfeln. Die Gemüsewürfel 10 Minuten in kochendem Wasser garen. Den Ingwer schälen, reiben und in einer Pfanne in 1 Esslöffel Öl bei mittlerer Temperatur 5 Minuten dünsten.

Senfkörner und Kreuzkümmelsamen zugeben und 1 bis 2 Minuten goldbraun rösten. Mit Wasser ablöschen. Sobald das Wasser verdampft ist, die abgetropften Gemüsewürfel und die Erbsen in die Pfanne geben und das Ganze grob zerstampfen. Die Pfanne vom Herd nehmen und den Koriander untermischen.

1 Teelöffel Füllung in die Mitte jedes Teigkreises geben, die Ränder zur Mitte hin so einklappen, dass eine dreieckige Tasche entsteht. Diese an den Rändern fest zusammendrücken. In eine Pfanne 2 cm hoch Öl gießen und erhitzen, bis es heiß ist, aber noch nicht raucht. Die Samosas von beiden Seiten je 3 Minuten bei mittlerer Hitze unter mehrmaligem Wenden knusprig goldbraun frittieren. Abtropfen lassen, Limettensaft oder ein Koriander-Chutney (siehe Rezept Seite 35) dazu reichen.

Variationen für die Füllung

1/ Rindfleisch-Erbsen-Füllung: 150 g Rinderhack mit 1 gewürfelten Zwiebel, 1 cm geriebenem Ingwer und 1 zerdrückten Knoblauchzehe 10 Minuten anbraten. Die Pfanne vom Herd nehmen, frischen Koriander und Erbsen untermischen.

2/ Hähnchen-Kokosmilch-Füllung: Die Fleischreste eines Brathähnchens (150 g) mit 1 Prise Currypulver, 200 ml Kokosmilch, 1 gekochten und zerstampften Kartoffel sowie 5 Korianderblättchen vermischen und 5 Minuten bei mittlerer Temperatur köcheln lassen.

3/ Zucchini-Füllung: 1 gewürfelte Zucchini mit 1 EL Öl, 1 EL Kreuzkümmelsamen und 1 Prise Kurkumapulver 10 Minuten andünsten.

Papadams

Bei Papadams, die auch Papads oder Poppadums genannt werden, handelt es sich um einen chipsähnlichen indischen Snack. Es gibt sie in verschiedenen Formen (rund oder länglich) und Geschmacksrichtungen: mit scharfen Gewürzen, Kreuzkümmel oder auch mit Pfeffer. Papadams sind hauchdünne Teigfladen aus Kichererbsen-, Linsen- oder Reismehl (manchmal auch aus einer Mischung mehrerer Mehlsorten). Meist werden sie roh gekauft und erst kurz vor dem Verzehr aufgebacken, damit sie schön knusprig sind. Mit einem knackig-frischen, bunten Belag lassen sie sich auch sehr gut zum Aperitif servieren!

Mini-Papads mit Pfeffer

Chili papad – scharf gewürzte Papads

Was die Zubereitung angeht, kann man alle Papadams (außer die aus Reismehl) über einer Gasflamme rösten, in heißem Öl frittieren oder in einer Pfanne ohne Fettzugabe ausbacken. Aber Vorsicht: Papadams vertragen keine Feuchtigkeit und werden schnell weich!

Kleine Papads natur
Längliche Papads in Löffelform
Rice papad – Papads aus Reismehl
Jeera papad – Papads mit Kreuzkümmel

Zubereitungszeit: 10 Minuten
Backzeit: 10 Minuten

Zutaten für 4 belegte Papadams

4 Perlzwiebeln
1 Tomate
4–5 Stängel frischer Koriander, Blättchen abgezupft
1 grüne Chilischote
4 Kreuzkümmel-Papadams

Belegte Papadams

Masala salad papad

Die aus Linsen- oder Kichererbsenmehl hergestellten Teigfladen kann man fertig kaufen (im Asialaden oder in Online-Shops) und ohne Fett in der Pfanne backen.

Die Zwiebeln schälen und fein hacken. Die Tomate entkernen und würfeln. Die Korianderblättchen grob hacken. Die Chilischote entkernen und fein hacken.

Die Papadams nacheinander in einer heißen Pfanne von beiden Seiten je 3 Minuten ausbacken und dabei mit einem Küchenspatel flach drücken, um glatte und gleichmäßig erwärmte Fladen zu erhalten.

Unmittelbar vor dem Servieren die Tomatenwürfel, Zwiebelstückchen und gehackten Korianderblättchen auf den Papadams verteilen. Zum Schluss mit den grünen Chilistückchen bestreuen.

Als Beilage ein Chutney nach Wahl reichen (siehe Rezepte Seite 34–35).

Tipp

Wer möchte, kann die Papadams auch einige Sekunden in der Mikrowelle erhitzen. Dadurch verlieren sie zwar ein wenig von ihrem authentischen Geschmack, dafür sind sie aber um einige Kalorien ärmer! Auch das Frittieren in heißem Öl ist möglich.

AMBIKA
T.NAGAR,

Zubereitungszeit: 15 Minuten
Ruhezeit: 1 Stunde
Frittierzeit: 20 Minuten

Zutaten für 4 Personen

1 EL Maisstärke
1 EL Weizenmehl (Type 550)
1 TL Tandoori-Gewürzmischung
1 Prise Salz
400 g frischer Panir (siehe Rezept Seite 29), in 2–3 cm große Würfel geschnitten
neutrales Pflanzenöl
Saft von 1 Limette

Frittierter Panir

Paneer tikka

In einer kleinen Schüssel die Maisstärke mit dem Mehl, der Gewürzmischung und dem Salz mischen.

5 Esslöffel Wasser einrühren und die Käsewürfel in dem Teig wälzen, bis sie komplett damit überzogen sind. Im Kühlschrank 1 Stunde ruhen lassen.

Öl 1 cm hoch in eine Pfanne gießen und erhitzen (es soll heiß sein, darf aber nicht rauchen!).

Die Panir-Würfel im heißen Öl frittieren (von jeder Seite je etwa 5 Minuten), bis sie schön goldbraun sind, dann auf Küchenpapier abtropfen lassen. Mit dem Limettensaft beträufeln und sofort servieren.

Den Tandoori-Gewürzmix können Sie ganz einfach selbst herstellen, indem Sie 1 Teelöffel gemahlenen Koriander, 1 Teelöffel gemahlenen Kreuzkümmel und ½ Teelöffel Kurkumapulver vermischen (wer mag, kann auch noch rote Lebensmittelfarbe beimengen).

Tipp
Da Tandoori-Gewürzmischungen häufig schon etwas Salz enthalten, vor dem Salzen unbedingt noch einmal kosten!

Garam-Masala-Cashewkerne

Masala kaju

Die Cashewkerne ohne Fett in einer sehr heißen Pfanne, die aber nicht raucht, bei mittlerer Temperatur 5 Minuten rösten.

Mit den Gewürzen bestreuen und gut umrühren, bis alle Cashewkerne damit überzogen sind. Anschließend salzen und servieren.

Zubereitungszeit: 2 Minuten
Garzeit: 5 Minuten

Zutaten für 4 Personen

200 g ungesalzene, ungeröstete Cashewkerne
1 EL Garam-Masala-Gewürzmischung
1 Prise Chilipulver
1 Prise feinkörniges Salz

Tipp
Für dieses Rezept können Sie auch andere Nüsse und Kerne (Mandeln, Haselnüsse usw.) und die Gewürze Ihrer Wahl (Kreuzkümmel, Paprika usw.) verwenden.

Zubereitungszeit: 20 Minuten
Ruhezeit: 2 Stunden
30 Minuten
Frittierzeit: 10 Minuten

Zutaten für 12 indische Falafel oder 20 kleine Appetithappen

150 g rote Linsen
1 Prise Kurkumapulver
1 großzügige Prise rotes Chilipulver
1 Knoblauchzehe
1 rote Zwiebel, geachtelt
etwa 10 Stängel frischer Koriander
Salz
1 TL Kreuzkümmelsamen
2 EL Kichererbsenmehl
neutrales Pflanzenöl

Pikante Linsenbällchen

Masala vadai

***Masala vadai* sind ein sehr gutes Beispiel für typisch indisches Street Food: Je nach Region werden sie schon zum Frühstück oder als kleiner Nachmittagsimbiss zu einem stark gesüßten Chai-Tee genossen.**

Die Linsen abspülen und anschließend in reichlich kaltem Wasser 2 Stunden einweichen. Abtropfen lassen und zusammen mit dem Kurkuma- und dem Chilipulver, der Knoblauchzehe, den Zwiebelstücken, dem Koriander (inklusive Stielen) und 1 großzügigen Prise Salz mit einem Stabmixer pürieren, bis eine homogene, noch etwas stückige und leicht feuchte Masse entstanden ist. Kreuzkümmelsamen und Kichererbsenmehl untermischen. Die Linsenmasse 30 Minuten bei Zimmertemperatur ruhen lassen.

Pflanzenöl 2 cm hoch in eine Pfanne gießen und erhitzen (es soll schön heiß sein, aber noch nicht rauchen!). Mithilfe von 2 Suppenlöffeln oder mit den Händen kleine Linsenbällchen formen (1 kleinen Esslöffel Linsenmasse pro Kugel ansetzen), in die Pfanne geben. Die Bällchen von allen Seiten 5 Minuten goldbraun frittieren. Dazu ein Raita nach Wahl servieren (siehe Rezepte Seite 48–49).

Als Snack zum Aperitif können Sie kleine Bällchen von 2 cm Durchmesser formen (z.B. mit einem Kugelausstecher) und auf dünne Holzstäbchen gespießt als Fingerfood servieren.

Würzige Auberginen-Pommes

Baingan brinjal

Zubereitungszeit: 5 Minuten
Frittierzeit: 10 Minuten

Zutaten für 4 Personen

3–4 kleine, längliche, noch schön feste, glänzende Auberginen oder 1 große Aubergine
2 EL Weizenmehl
neutrales Pflanzenöl
Salz
mildes Chilipulver

Die Auberginen in längliche Spalten schneiden, diese leicht mit Mehl überziehen.

Pflanzenöl 1 cm hoch in eine Pfanne gießen und erhitzen (es soll schön heiß sein, aber noch nicht rauchen!). Die Auberginenspalten im heißen Öl frittieren (von beiden Seiten je etwa 5 Minuten), bis sie knusprig goldbraun sind.
Auf Küchenpapier abtropfen lassen.

Die Auberginen-Pommes mit Salz und Chilipulver bestreuen. Sofort servieren.

Wer möchte, kann alternativ auch Süßkartoffel- oder Zucchini-Pommes zubereiten.

Frittiertes Gemüse im Teigmantel

Pakora

Zubereitungszeit: 15 Minuten
Frittierzeit: 10 Minuten

Zutaten für 4 Personen

250 g Kichererbsenmehl
1 TL gemahlener Kreuzkümmel
1 TL Garam-Masala-Gewürzmischung
1 TL Paprika- oder Chilipulver
Salz
1 kleine Aubergine
1 rote Zwiebel
1 Zucchini
¼ Blumenkohl
neutrales Pflanzenöl

Für den Teig das Mehl mit den Gewürzen mischen. Salzen. Schrittweise etwa 250 Milliliter heißes Wasser einrühren, damit ein schön glatter und nicht zu fester Teig entsteht.

Das gesamte Gemüse in Spalten bzw. in etwa 5 mm dicke Scheiben schneiden.

Die Gemüsescheiben bzw. -spalten portionsweise in den Teig tauchen. Mithilfe von 2 Gabeln herausnehmen, dabei überschüssigen Teig abstreifen.

Pflanzenöl 1 cm hoch in eine Pfanne gießen und erhitzen (es soll schön heiß sein, aber noch nicht rauchen!). Das mit Teig ummantelte Gemüse hineingeben und unter regelmäßigem Wenden frittieren (von allen Seiten je etwa 5 Minuten), bis es rundum knusprig goldbraun ist. Das frittierte Gemüse auf Küchenpapier abtropfen lassen.

Mit einem Raita nach Wahl als Beilage sofort servieren (siehe Rezepte Seite 48–49).

கடலில் மூழ்கி
3 பெண்கள் பலி

Fleisch und Fisch

Fleisch gehört in Indien zu den Grundnahrungsmitteln: 60% der indischen Bevölkerung essen es, allerdings nur in kleinen Mengen. Fische und Krustentiere hingegen werden fast ausschließlich in den Küstenregionen sowie in großen Städten wie Goa oder Chennai verzehrt.

Mariniertes Hähnchen mit Joghurt, Knoblauch und Kurkuma

Dahi chicken curry

Zubereitungszeit: 15 Minuten
Ruhezeit: 2–3 Stunden
Garzeit: 45 Minuten

Zutaten für 4 Personen

- 500 g Teilstücke vom Hähnchen: Schlegel, Oberschenkel, Unterschenkel etc.
- 2 Becher cremig gerührter Naturjoghurt
- Saft von 1 Limette
- 4 EL neutrales Pflanzenöl
- ½ TL Kurkumapulver
- 6 Knoblauchzehen
- 1 TL Ingwerpaste (siehe Rezept Seite 26)
- 4–5 Curryblätter
- 6 Kardamomkapseln
- 1 Zimtstange
- 4 Gewürznelken
- 3 (vorzugsweise rote) Zwiebeln, fein gehackt
- 4–5 Stängel frischer Koriander, Blättchen abgezupft

Die Hähnchenteile von Haut und Fett befreien, dann das Fleisch an der Oberfläche mit einem Messer einritzen.

Für die Joghurtmarinade den Joghurt in einer Schüssel mit dem Limettensaft, 2 Esslöffeln Pflanzenöl, Kurkuma, dem durchgepressten Knoblauch und der Ingwerpaste mischen. Die Hähnchenstücke gründlich darin wenden, dann 2 bis 3 Stunden in der Marinade ruhen lassen.

Gegen Ende der Marinierzeit die 2 restlichen Esslöffel Öl erhitzen, darin Curryblätter, Kardamomkapseln, Zimtstange, Gewürznelken und Zwiebelstückchen bei mittlerer Temperatur unter Rühren 10 Minuten goldbraun dünsten.

Die Hähnchenstücke samt Marinade hinzufügen und 5 Minuten bei mittlerer Hitze goldgelb anbraten. 100 Milliliter Wasser angießen, den Deckel auflegen und das Ganze bei niedriger Temperatur 25 bis 30 Minuten schmoren lassen.

Mit frischen Korianderblättchen bestreuen und mit einem Chapati-Brot (siehe Rezept Seite 38) sowie einem Minz-Chutney (siehe Rezept Seite 34) als Beilagen servieren.

Gegrillte Lammspieße mit Ingwer und Koriander

Zubereitungszeit: 10 Minuten
Ruhezeit: 1 Stunde bis 1 Nacht
Grillzeit: 10–12 Minuten

Zutaten für 4 Personen

1 grüne Chilischote (optional)
1 EL Ingwerpaste
(siehe Rezept Seite 26)
1 TL Garam-Masala-
Gewürzmischung
½ Bund frischer Koriander
1 EL neutrales Pflanzenöl
500 g Lammkeule, ausgelöst

Die Chilischote entkernen und den Stiel entfernen.

Für die Marinade Ingwerpaste, Garam-Masala-Mischung, Koriander und Chilischote mit dem Öl im Mixer zerkleinern.

Das Lammfleisch in 3 bis 4 cm große Würfel schneiden. Die Lammstücke gut in der Marinade wenden. Danach bei Zimmertemperatur und mit Frischhaltefolie abgedeckt 1 bis 2 Stunden (idealerweise über Nacht) marinieren.

Nach 2 Stunden (bzw. am nächsten Tag) die Lammwürfel auf Holzstäbchen spießen und von allen Seiten 10 bis 12 Minuten auf einem Holzkohlengrill oder bei 220 °C unter dem vorgeheizten Backofengrill garen.

Dazu verschiedene Pickles (siehe Seite 36), ein Chutney (siehe Rezepte Seite 34–35) oder ein Raita (siehe Rezepte Seite 48–49) nach Wahl servieren.

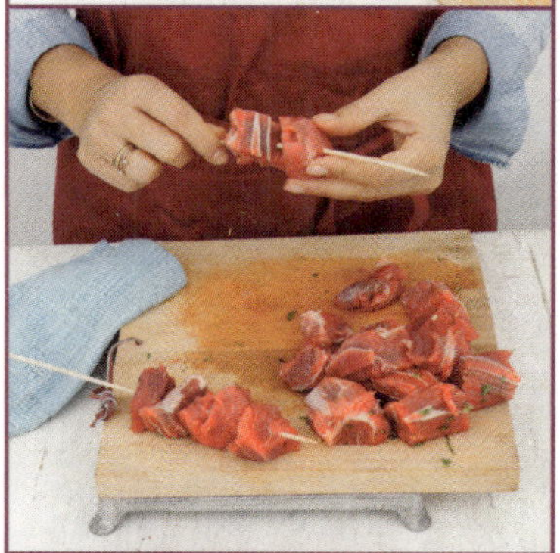

Zubereitungszeit: 15 Minuten
Ruhezeit: 1–2 Stunden
Garzeit: 35–40 Minuten

Butter Chicken

Murgh makhani

Zutaten für 4 Personen

1 Becher Vollmilch-Naturjoghurt
2 EL neutrales Pflanzenöl
1 EL gemahlene Mandeln
1 EL Knoblauch-Ingwer-Paste
(siehe Rezept Seite 26)
Gewürze:
½ TL Paprikapulver,
¼ TL gemahlener Zimt,
¼ TL Chilipulver,
4 Kardamomkapseln,
2 Gewürznelken,
1 TL gemahlener Koriander
450 g Hähnchenbrustfilets,
in Stücke geschnitten
30 g Butter
1 Zwiebel, fein gehackt
1 grüne Chilischote,
entkernt und fein gehackt
1 TL Bockshornkleeblätter,
gemahlen
2 kleine Dosen
Tomatenmark (140 g)
100 ml Tomatenpüree
flüssiger Honig
(Menge nach Belieben)
1 Limette
100 ml Sahne
Salz
einige Cashewkerne zum
Garnieren, gehackt und geröstet
einige Korianderblättchen zum
Garnieren

In einer großen Schüssel Joghurt, Öl, gemahlene Mandeln, die Hälfte der Knoblauch-Ingwer-Paste, Paprika-, Zimt- und Chilipulver miteinander vermischen. Die Hähnchenstücke in dieser Marinade wälzen, bis sie ganz damit überzogen sind. 1 bis 2 Stunden marinieren.

Den Backofen auf 210 °C vorheizen.

Die marinierten Hähnchenstücke in eine feuerfeste Form legen. Im Backofen 15 bis 20 Minuten garen, nach der Hälfte der Garzeit wenden.

Inzwischen die Buttersauce zubereiten: Dazu die Butter bei niedriger Temperatur in einer Schwenkpfanne zerlassen. Die restliche Knoblauch-Ingwer-Paste sowie Kardamomkapseln, Gewürznelken, Zwiebel- und Chilistückchen zugeben und 10 Minuten bei mittlerer Hitze braten.

Den gemahlenen Koriander und die Bockshornkleeblätter hinzufügen, gut umrühren. Anschließend Tomatenmark und -püree, Honig und 100 Milliliter Wasser in die Pfanne geben. Das Ganze 10 Minuten bei schwacher Hitze köcheln lassen.

Unmittelbar vor dem Servieren etwas Limettensaft zur Sauce pressen und die Sahne einrühren. Die Hähnchenstücke mit der cremigen Sauce übergießen und mit Cashewkernen und Korianderblättchen bestreut servieren.

Tandoori-Hähnchen

Murgh tandoori

Zubereitungszeit: 10 Minuten
Ruhezeit: 2 Stunden
Grillzeit: 25 Minuten

Zutaten für 4 Personen

1 Becher Vollmilch-Naturjoghurt
1 TL gemahlener Koriander
1 TL gemahlener Kreuzkümmel
½ TL Kurkumapulver
1 EL Knoblauch-Ingwer-Paste (siehe Rezept Seite 26)
1 TL Tomatenmark
Saft von 1 Limette
1 EL neutrales Pflanzenöl
2–3 Stängel frischer Koriander, fein gehackt
Salz
4 Hähnchenbrustfilets oder andere Hähnchenteile nach Wahl

Die Joghurtmarinade ist eine prima Basis für Grillfleisch. Sie passt zu allen weißen Fleischsorten und sogar zu Lamm. Die typische Farbe des Tandoori-Hähnchens stammt von roter Lebensmittelfarbe.

Für die Marinade in einer großen Schüssel Joghurt, Gewürze, Knoblauch-Ingwer-Paste, Tomatenmark, Limettensaft, Pflanzenöl und Koriander vermischen.

Die Hähnchenfilets in der Marinade wälzen, bis sie ganz damit überzogen sind. Anschließend mindestens 2 Stunden im Kühlschrank ruhen lassen.

Den Backofengrill auf 210 °C vorheizen.

Die Hähnchenfilets ohne die überschüssige Marinade in eine ofenfeste Form legen.

Die Filets nach Belieben salzen und im Backofen 25 Minuten grillen, nach der Hälfte der Zeit wenden (wer mag, kann sie auch auf dem Holzkohlengrill garen). Mit einem Minz-Chutney (siehe Rezept Seite 34) als Beilage sofort servieren.

Es gibt Hunderte verschiedener Tandoori-Hähnchen-Rezepte. Die Grundlage ist aber immer eine Marinade aus Gewürzen und Joghurt, die das Fleisch wunderbar zart werden lässt.

Tipp
Je länger die Joghurtmarinade ins Fleisch einzieht, desto weicher wird es.

Lammcurry mit Zimt

Rogan josh

Den Knoblauch schälen und durch die Presse drücken. Den Ingwer schälen und reiben.

Die Zwiebeln zusammen mit 1 Esslöffel Öl und 1 Prise Salz in einem Schmortopf 10 Minuten bei mittlerer Temperatur andünsten. Anschließend beiseitestellen.

Die Lammkeule in etwa 3 cm große, gleichmäßige Fleischwürfel schneiden. In dem Schmortopf zusammen mit dem Knoblauch und dem Ingwer in 1 Teelöffel Öl bei mittlerer Temperatur 10 Minuten goldbraun anbraten.

Während das Fleisch brät, die Tomaten häuten und entkernen. Grob in Stücke schneiden und beiseitestellen.

Sobald die Lammwürfel schön goldbraun sind, die Gewürze zugeben: Kurkuma, gemahlenen Koriander, Kardamomkapseln und Zimt, dann alles gut miteinander vermischen. Das Ganze bei mittlerer Hitze weitere 5 Minuten braten.

Die gedünsteten Zwiebeln, das Tomatenpüree und 150 Milliliter Wasser hinzufügen, danach alles zusammen bei niedriger Temperatur 25 Minuten schmoren lassen. Die beiseitegestellten Tomatenstücke hinzugeben, dann das Lammcurry weitere 25 Minuten schmoren lassen.

Mit einem Chapati-Brot als Beilage sofort servieren (siehe Rezept Seite 38).

Zubereitungszeit: 20 Minuten
Garzeit: 1 Stunde 15 Minuten

Zutaten für 4 Personen

- 2 Knoblauchzehen
- 3 cm frische Ingwerwurzel
- 3 rote Zwiebeln
- neutrales Pflanzenöl
- Salz
- 500 g Lammkeule, entbeint
- 2 Tomaten
- ½ TL Kurkumapulver
- 1 TL gemahlener Koriander
- 5 Kardamomkapseln
- 2 Zimtstangen oder
- ½ TL gemahlener Zimt
- 150 ml Tomatenpüree

Hähnchen Korma

Murgh korma

Zubereitungszeit: 20 Minuten
Ruhezeit: 1–2 Stunden
Garzeit: 30 Minuten

Zutaten für 4 Personen

20 g geschälte, ungesalzene Mandeln
20 g ungeröstete, ungesalzene Cashewkerne
400 g Landhähnchenbrust
1 Becher cremiger Naturjoghurt
½ TL Kurkumapulver
½ Limette
2 EL neutrales Pflanzenöl
1 Lorbeerblatt
1 Sternanis
1 TL Knoblauchpaste
(siehe Rezept Seite 26)
1 TL Ingwerpaste
(siehe Rezept Seite 26)
1 EL gemahlener Koriander
3 grüne Kardamomkapseln
1 Prise rotes Chilipulver
Salz
1 kleine rote Zwiebel
1 EL Ghee
1 kleiner EL Cashewkerne, Mandelblättchen oder Pistazien zum Garnieren

Mandeln und Cashewkerne mit 100 Millilitern Wasser im Mixer zerkleinern, bis eine glatte, cremige Masse entstanden ist. Die Creme beiseitestellen.

Die Hähnchenbrust in etwa 2 cm große Würfel schneiden. In einer Schüssel 1 Esslöffel Joghurt mit dem Kurkumapulver und dem Limettensaft vermischen. Die Hähnchenwürfel hineingeben, dann in der Marinade wenden und 1 bis 2 Stunden im Kühlschrank ruhen lassen.

1 Esslöffel Öl in einer Pfanne erhitzen. Darin die Hähnchenstücke bei hoher Temperatur 5 Minuten goldbraun braten. In einer Schüssel beiseitestellen.

In derselben Pfanne in 1 weiteren Esslöffel Öl Lorbeerblatt, Sternanis, Knoblauch- und Ingwerpaste, Koriander, Kardamom und Chilipulver bei großer Hitze unter Rühren 10 Minuten rösten. 120 Milliliter Wasser sowie die Mandel-Cashew-Creme hinzufügen, gut verrühren und 10 Minuten sanft köcheln lassen.

Die gebratenen Hähnchenwürfel und den restlichen Joghurt zugeben, salzen, den Deckel auflegen und alles bei schwacher Hitze weitere 10 Minuten köcheln lassen. Falls die Sauce zu dick ist, noch etwas Wasser angießen.

Die Zwiebel würfeln und in 1 Esslöffel Ghee 10 Minuten knusprig braun dünsten. Auf Küchenpapier beiseitestellen.

In einer Pfanne ohne Fettzugabe einige Mandelblättchen, geschälte Pistazien oder weitere Cashewkerne rösten. Das Korma mit den gerösteten Kernen und den Zwiebelstückchen bestreuen und dazu Basmatireis servieren.

Chicken Tikka Masala

Murgh tikka masala

Zubereitungszeit: 30 Minuten
Garzeit: 35–40 Minuten
Marinierzeit: 1–2 Stunden

Zutaten für 4 Personen

450 g Hähnchenbrustfilets
1 Becher Vollmilch-Naturjoghurt
3 EL neutrales Pflanzenöl
Gewürze:
1 TL gemahlener Koriander,
2 kleine, getrocknete rote Chilischoten (optional),
4 Kardamomkapseln,
2 Gewürznelken,
2 Lorbeerblätter,
1 EL Garam-Masala-Gewürzmischung
1 rote Zwiebel, fein gehackt
1 EL Knoblauch-Ingwer-Paste (siehe Rezept Seite 26)
Salz
1 Dose stückige Tomaten (400 g)
1 grüne Chilischote
1 milde rote Chilischote oder
1 kleine rote Paprikaschote
1 Limette
4–5 Stängel frischer Koriander, Blättchen abgezupft und fein gehackt

Die Hähnchenbrustfilets in 2 cm große Würfel schneiden.

In einer großen Schüssel den Joghurt mit 1 Esslöffel Öl und dem gemahlenen Koriander mischen. Die Hähnchenwürfel gründlich in der Marinade wälzen und darin 1 bis 2 Stunden marinieren.

Den Backofengrill auf 210 °C vorheizen. Die marinierten Hähnchenstücke in eine feuerfeste Form legen. 15 bis 20 Minuten im Backofen grillen, nach der Hälfte der Zeit wenden. Anschließend beiseitestellen.

Für die Sauce in einer Pfanne die Zwiebelstückchen mit Chilischoten, Kardamomkapseln, Gewürznelken und Lorbeerblättern in 2 Esslöffeln Öl 10 Minuten anbraten. Gut umrühren und die Knoblauch-Ingwer-Paste, das Garam-Masala-Pulver und das Salz hinzufügen, dann unter Rühren 5 Minuten köcheln lassen. 120 Milliliter Wasser angießen und verdampfen lassen. Die Tomatenstückchen zugeben. Gut verrühren und die Sauce 10 Minuten einköcheln lassen.

Die grüne und die rote Chilischote (bzw. die rote Paprikaschote) entkernen und in 2 cm große Würfel schneiden, dann zusammen mit den gegrillten Hähnchenstücken in die Sauce geben. Unmittelbar vor dem Verzehr etwas Limettensaft über die Sauce träufeln und das Chicken Tikka Masala mit den Korianderblättchen garnieren.

Wer mag, kann die Sauce (Schritt 4) auch einfach durch 4 Esslöffel Currypaste (siehe Rezept Seite 25) ersetzen. In diesem Fall sofort zu Arbeitsschritt 5 übergehen.

Lamm Vindaloo

Gosht vindaloo

In einer großen Schüssel die getrockneten Chilischoten zusammen mit den Senfkörnern, dem Garam-Masala-Pulver, der Knoblauch- und der Ingwerpaste sowie dem Tomatenmark in der Kokosmilch einweichen. Nach 30 Minuten alles zusammen im Mixer zu einer Marinade pürieren.

Das Lammfleisch in Stücke schneiden, diese in der Marinade 3 Stunden bis 1 Nacht ruhen lassen.

Die marinierten Lammstücke abtropfen lassen und die Marinade aufbewahren. In einer Schwenkpfanne 2 Esslöffel Öl bei hoher Temperatur erhitzen, darin das marinierte Lammfleisch bei starker Hitze 5 bis 7 Minuten anbraten.

Die Marinade mit 100 Millilitern Wasser verdünnen und mit dem Salz würzen.

Die Zwiebel- und Paprikastreifen in die Pfanne geben, dann die aufgefangene Marinade zugießen. Den Deckel auflegen und das Ganze bei mittlerer Temperatur 45 Minuten köcheln lassen, dabei darauf achten, dass das Fleisch nicht an der Pfanne haftet. Falls nötig, zwischendurch etwas Wasser zugießen.

Gut zu wissen

In der Familie der Currygerichte gehört das Vindaloo in die sehr scharfe Kategorie!

Zubereitungszeit: 15 Minuten
Ruhezeit: 3 Stunden bis 1 Nacht
Garzeit: 50 Minuten

Zutaten für 4 Personen

3 kleine, getrocknete rote Chilischoten
1 TL Senfkörner
1 TL Garam-Masala-Gewürzmischung
1 EL Knoblauchpaste (siehe Rezept Seite 26)
1 EL Ingwerpaste (siehe Rezept Seite 26)
1 kleine Dose Tomatenmark
100 ml Kokosmilch
500 g Lammkeule, entbeint
neutrales Pflanzenöl
¼ TL Salz
1 rote Zwiebel, in feine Streifen geschnitten
1 kleine rote Gemüsepaprika, in feine Streifen geschnitten

Fisch Tikka Masala

Tikka masala fish

Zubereitungszeit: 20 Minuten
Ruhezeit: 15 Minuten
Garzeit: 25 Minuten

Zutaten für 4 Personen

20 g Tamarindenpaste
4 sehr reife Tomaten oder
1 kleine Dose stückige Tomaten
neutrales Pflanzenöl
2 Zwiebeln, sehr fein gehackt
2 milde grüne Chilischoten oder
1 kleine grüne Paprikaschote, entkernt und in kleine Stücke geschnitten
1 EL Knoblauch-Ingwer-Paste (siehe Rezept Seite 26)
1 TL gemahlener Koriander
½ TL Chilipulver
¼ TL Kurkumapulver
1 TL Garam-Masala-Gewürzmischung
Salz
1 kleine Dose Tomatenmark
4 Seelachsrückenfilets, mit Haut, in Stücke geschnitten
2 EL Mehl
15 g Butter oder Ghee
4–5 Stängel frischer Koriander, Blättchen abgezupft

Die Tamarindenpaste 15 Minuten in 200 Millilitern lauwarmem Wasser einweichen. Anschließend abseihen und den Tamarindensaft aufbewahren.

Die Tomaten in kochendes Wasser tauchen, häuten und entkernen. Zu Püree zerdrücken und beiseitestellen.

Für die Sauce Zwiebel- und Chilistückchen in einer Pfanne in 2 Esslöffeln Öl unter ständigem Rühren bei hoher Temperatur 4 bis 5 Minuten andünsten.

Die Knoblauch-Ingwer-Paste sowie die gemahlenen Gewürze (Koriander, Chili, Kurkuma, Garam Masala), ½ Teelöffel Salz, Tomatenmark und Tamarindensaft zugeben. Die Flüssigkeit verdampfen lassen, bis eine teigartige Masse entstanden ist, dann das Tomatenpüree untermischen. Den Deckel auflegen und alles zusammen bei niedriger Hitze 15 Minuten köcheln lassen. Die Masala-Sauce beiseitestellen.

Die Fischfilets in Mehl wälzen, dann das überschüssige Mehl abstreifen. In einer Pfanne die Butter mit 2 Esslöffeln Öl zerlassen, darin die Fischfilets zuerst auf der Haut-, dann auf der Fleischseite braten. Auf Küchenpapier abtropfen lassen, die Masala-Sauce darübergießen und das Fischcurry mit Korianderblättchen bestreut servieren.

Mit dem Hindu-Wort masala, *das einfach „Mischung" bedeutet, wird heute eine mit verschiedenen Gewürzen zubereitete Sauce bezeichnet.*

Tipp

Da der für das Rezept verwendete Fisch noch etwas fest bleiben soll, lässt man die Haut dran, damit er beim Garen nicht auseinanderfällt.

Gedämpfter Fisch im Bananenblatt

Ras chawal masala fish

Falls getrocknete Kokosraspel verwendet werden, sollten sie zunächst etwa 30 Minuten in lauwarmem Wasser eingeweicht werden. Abtropfen lassen.

Für den Tamarindensaft die Tamarindenpaste mit 150 Millilitern lauwarmem Wasser verrühren, dann abseihen.

Den Tamarindensaft mit Kokosraspeln, frischem Koriander, Ingwerpaste, grüner Chilischote, gemahlenem Koriander und gemahlenem Kreuz-kümmel im Mixer zu einer Paste pürieren. Mit Salz abschmecken.

Den Backofen auf 160 °C vorheizen.

Den Fisch mit der Kokospaste füllen. Anschließend mit 1 oder 2 Holzstäbchen verschließen.

Den Fisch mit einigen Limettenscheiben belegen. In ein Bananenblatt wickeln, mit einem Holzstäbchen fixieren. Die beiden Blattenden einschlagen und mit Holzstäbchen fixieren.

Den eingewickelten Fisch in den Backofen schieben. Für zwei kleine Seebarsche 15 Minuten, für einen großen Fisch 25 Minuten Garzeit ansetzen.

Den gedämpften Fisch mit ein paar Tropfen Limettensaft beträufeln und servieren.

Zubereitungszeit: 10 Minuten
Ruhezeit: 30 Minuten
Garzeit: 15–25 Minuten

Zutaten für 4 Personen

30 g frische oder getrocknete Kokosraspel
20 g Tamarindenpaste oder 100 ml Tamarindensaft
½ Bund frischer Koriander
1 TL Ingwerpaste (siehe Rezept Seite 26)
1 grüne Chilischote, entkernt
1 TL gemahlener Koriander
1 TL gemahlener Kreuzkümmel
Salz
2 kleine Seebarsche (etwa 600 g pro Barsch) oder 1 großer Seebarsch (1,3 kg), ausgenommen und abgeschuppt
1 Limette
2 Bananenblätter (ersatzweise Pergamentpapier)

Garnelencurry mit frischer Kokosnuss

Jhinga korma masala

Zubereitungszeit: 20 Minuten
Garzeit: 40 Minuten

Zutaten für 4 Personen

- 300 g rohe Garnelenschwänze, geschält und ohne Darm
- ½ TL Kurkumapulver
- Saft von 1 Limette
- 20 g frische Kokosraspel oder 100 ml Kokoscreme
- 20 g ungesalzene, geschälte Mandeln
- 1 Becher cremiger Naturjoghurt
- neutrales Pflanzenöl oder Ghee
- 1 TL Knoblauchpaste (siehe Rezept Seite 26)
- 1 TL Ingwerpaste (siehe Rezept Seite 26)
- 3 grüne Kardamomkapseln
- 2 Gewürznelken
- 1 TL gemahlener Koriander
- 1 Prise rotes Chilipulver
- Salz
- 4–5 Stängel frischer Koriander, Blättchen abgezupft

Die rohen Garnelen im Kühlschrank in dem mit Kurkumapulver vermischten Limettensaft marinieren. Anschließend beiseitestellen.

Die Kokosraspel mit den Mandeln und dem Joghurt im Mixer zerkleinern, bis eine glatte, cremige Masse entstanden ist. Die Kokos-Mandel-Masse beiseitestellen.

2 Esslöffel Öl in einer Pfanne erhitzen, darin unter Rühren die Knoblauch- und die Ingwerpaste, die Kardamomkapseln und die Gewürznelken bei mittlerer Temperatur 5 Minuten anrösten.

Gemahlenen Koriander, Chilipulver und 100 Milliliter Wasser zufügen, dann die Flüssigkeit bei mittlerer Hitze 10 Minuten verdampfen lassen.

Die Mandel-Kokos-Masse hineingeben, den Deckel auflegen und das Ganze bei schwacher Hitze 15 Minuten köcheln lassen (es darf auf keinen Fall stark kochen!).

Die marinierten Garnelen zur Sauce geben, mit Salz würzen und gut umrühren. 10 Minuten ganz leicht köcheln lassen.

Kardamomkapseln und Gewürznelken entfernen und das Garnelencurry mit frischen Korianderblättchen garniert servieren.

Tipp

Es ist wichtig, die Hülsenfrüchte zu waschen, um eventuelle Verunreinigungen zu entfernen.

Reis und Linsen

Zusammen mit den Linsen stellt der Reis in Indien ein beliebtes Grundnahrungsmittel dar – und das in sämtlichen Kasten. Insbesondere für die Ernährung von Vegetariern spielen die beiden eine zentrale Rolle. Da Linsen sehr gut verträglich sind, eignen sie sich für jedermann. Zusammen mit Reis steigern sie die Proteinzufuhr. Die indischen Linsen werden sehr weich gekocht verzehrt, im Ganzen oder zerdrückt, mit und ohne Schale. Sie sind in verschiedenen Formen und Farben erhältlich: in Gelb, Schwarz, Rot und Grün, ganz oder gespalten, geschält, gewaschen, geölt …

Der Reis, der in diesem Buch verwendet und auch als „König des Reises" bezeichnet wird, ist der Basmatireis, eine von unzähligen Reissorten, die in Indien angebaut werden. Seine langen, schlanken Körner werden beim Einweichen und Kochen mehr als doppelt so lang wie im Trockenzustand.

Basmatireis gewinnt mit der Zeit noch an Aroma! Heutzutage gibt es einige alte und seltene, sehr teure Reissorten.

Hähnchen-Biryani (Luxusversion)

Hyderabadi chicken biryani

Zubereitungszeit: 30 Minuten
Ruhezeit: 2 Stunden
Garzeit: 55 Minuten

Zutaten für 6 Personen

2 Becher cremiger Naturjoghurt
2 EL Garam-Masala-Gewürzmischung
1 EL Knoblauchpaste (siehe Rezept Seite 26)
1 EL Ingwerpaste (siehe Rezept Seite 26)
½ Bund frischer Koriander, fein gehackt
½ Bund frische Minze, fein gehackt
neutrales Pflanzenöl
6 Hähnchenkeulen oder -oberkeulen (mit Knochen)
400 g Basmatireis
3 rote Zwiebeln
einige Cashewkerne
2 Kardamomkapseln,
2 Lorbeerblätter, 1 Zimtstange,
1 Sternanis, 2 Gewürznelken,
1 Prise gemahlener Safran
½ TL Salz
100 ml lauwarme Milch

In einer Schüssel den Joghurt mit dem Garam Masala, der Hälfte der Knoblauch- und der Ingwerpaste, der Hälfte des Korianders und der Minze sowie 1 Esslöffel Öl mischen. Die Hähnchenkeulen darin wenden und 2 Stunden im Kühlschrank marinieren.

Den Reis abspülen und 1 bis 2 Stunden einweichen.

1 rote Zwiebel hacken und mit den Cashewkernen in 2 Esslöffeln Pflanzenöl bei mittlerer Temperatur 5 Minuten anrösten. Die Pfanne beiseitestellen.

In einem Schmortopf die 2 übrigen gehackten roten Zwiebeln mit dem Rest der Knoblauch- und der Ingwerpaste, dem Kardamom, 1 Lorbeerblatt, Zimt und Sternanis sowie dem Salz in 2 Esslöffeln Öl unter ständigem Rühren bei starker Hitze 10 Minuten braten. Die marinierten Hähnchenkeulen zugeben und bei hoher Temperatur von beiden Seiten je 5 Minuten anbraten.

Den Reis abtropfen lassen und in einen Topf mit kaltem Wasser füllen. 2 Gewürznelken, 1 Lorbeerblatt und 2 Esslöffel Öl hinzufügen. 10 Minuten bei mittlerer Temperatur kochen, abtropfen lassen. Den gekochten Reis beiseitestellen. Den Safran in der lauwarmen Milch einweichen und beiseitestellen. Unten im Schmortopf die Hähnchenschenkel verteilen, darauf den Reis, den restlichen Koriander und die restliche Minze sowie die Safranmilch. Den Deckel auflegen und das Ganze bei 180 °C 30 Minuten im Backofen schmoren lassen. Das Hähnchen-Biryani kurz vor dem Verzehr gut durchmischen und mit den gerösteten Cashewkernen und Zwiebelstückchen bestreuen. Sehr heiß servieren.

Gut zu wissen

Biryani ist ein edles Reisgericht, das häufig bei Festessen, Hochzeiten oder sonstigen Familienfeiern aufgetischt wird. Von der „Luxusversion“ spricht man, wenn Safran verwendet wurde. Dieser verleiht dem Reis seine hübsche goldgelbe Farbe.

Safran-Reis

Zafrani pulao

Zubereitungszeit: 15 Minuten
Garzeit: 18 Minuten

Zutaten für 4 Personen

250 g Basmatireis
½ TL feinkörniges Salz
1 Prise Safranfäden
plus 1 Prise Safranfäden
zum Garnieren

Den Basmatireis wie auf Seite 19 beschrieben zubereiten und garen.

Während der Reis kocht, den Safran vorbereiten: Dazu die Safranfäden in 2 Esslöffeln lauwarmem Wasser einweichen und ruhen lassen.

Den Reis, sobald er gar ist, noch gut 10 Minuten ruhen lassen, dann 4 Teelöffel Reis aus dem Topf nehmen und mit dem Safranwasser vermischen.

Gut umrühren, um eine gleichmäßige Färbung zu erhalten, danach den Safranreis wieder zum restlichen Reis geben. Zum Schluss den Reis mit ein paar Safranfäden verzieren.

Sofort servieren.

Tipp

Safran sollte man nur sehr sparsam verwenden: Sein Preis reicht in etwa an den des Goldes heran!

Pulao-Gewürzreis mit Zucchini

Tura pulao

Zubereitungszeit: 10 Minuten
Ruhezeit: 30 Minuten plus 10 Minuten
Garzeit: 30 Minuten

Zutaten für 4 Personen

- 300 g Basmatireis
- 1 Zucchini
- 1 feste Tomate
- 1 rote Zwiebel
- 1 Knoblauchzehe
- neutrales Pflanzenöl
- Gewürze:
- 3 Kardamomkapseln,
- 2 Sternaniskapseln,
- 1 Zimtstange,
- 1 Gewürznelke
- ½ TL Kurkumapulver
- Salz
- 10 g Mandelblättchen

Den Reis abspülen und abtropfen lassen. Anschließend 30 Minuten einweichen, danach nochmals abtropfen lassen.

In der Zwischenzeit die Zucchini, die Tomate und die rote Zwiebel in etwa 5 mm kleine Würfel schneiden. Die Knoblauchzehe schälen und durchpressen.

2 Esslöffel Öl in einem Topf erhitzen, darin die Zwiebelwürfel, den Knoblauch und alle ganzen Gewürze (Kardamom, Sternanis, Zimt, Gewürznelke) unter Rühren 10 Minuten bei mittlerer Temperatur anbraten. Die Zucchiniwürfel hineingeben und 10 Minuten bei mittlerer Hitze mitbraten.

Anschließend den abgetropften Reis hinzufügen und gut umrühren. Das Ganze bei mittlerer Temperatur 5 bis 7 Minuten eintrocknen lassen.

500 Milliliter kochendes Wasser zum Reis gießen. Kurkumapulver und Tomatenwürfel zugeben. Mit Salz würzen, gut umrühren und den Deckel auflegen. 15 Minuten bei niedriger Temperatur köcheln lassen. Dann den Topf vom Herd nehmen und 10 Minuten zugedeckt ruhen lassen – auf diese Weise entfalten die Gewürze noch stärker ihr Aroma.

Die Mandelblättchen in einer Pfanne ohne Fettzugabe rösten. Die gerösteten Mandelblättchen über das Reisgericht streuen und anschließend servieren.

Gut zu wissen

Der Pulao-Gewürzreis ist der „kleine Bruder" des orientalischen Pilaw-Gerichts.

Reis mit Zitronenaroma

Nimbu pulao

Den Reis gründlich waschen und 15 bis 20 Minuten einweichen, danach abtropfen lassen.

Die Senfkörner bei mittlerer Temperatur 5 bis 7 Minuten in dem Öl anrösten. Kurkumapulver und Zitronensaft zugeben, dann die Flüssigkeit 3 Minuten bei mittlerer Hitze zur Hälfte verdampfen lassen.

Den abgetropften Reis, das Salz und 450 Milliliter Wasser hinzufügen. Das Ganze bei mittlerer Temperatur 15 Minuten zugedeckt garen.

Den Herd ausschalten und den zugedeckten Reis noch 10 Minuten ruhen lassen.

Den Zitronenreis vorsichtig umrühren und sofort servieren.

Zubereitungszeit: 5 Minuten
Ruhezeit: 20 Minuten
plus 10 Minuten
Garzeit: 20 Minuten

Zutaten für 4 Personen

- 300 g Basmatireis
- 1 TL Senfkörner
- 1 EL neutrales Pflanzenöl
- ½ TL Kurkumapulver
- Saft von 1 Zitrone
- ½ TL Salz

Zubereitungszeit: 10 Minuten
Ruhezeit: 10 Minuten
Garzeit: 35 Minuten

Zutaten für 4 Personen

250 g Basmatireis
Salz
1 TL Kreuzkümmelsamen
neutrales Pflanzenöl
250 g junge Spinatblätter
½ TL Kurkumapulver

Gebratener Reis mit Spinat

Palak pulao

Den Reis in einem Topf mit 375 Millilitern Wasser und ½ Teelöffel Salz zum Kochen bringen. Den Deckel auflegen und den Reis bei mittlerer Temperatur etwa 18 Minuten garen, dabei dem Rezept auf Seite 19 folgen.

Danach den Herd ausschalten. Den Reis noch 10 Minuten ruhen lassen, dann mithilfe einer Gabel auflockern.

In einer Schwenkpfanne die Kreuzkümmelsamen in 2 Esslöffeln Pflanzenöl bei mittlerer Hitze 3 Minuten rösten.

Spinatblätter, Kurkumapulver und ⅓ Teelöffel Salz hinzugeben, dann den frischen Spinat bei hoher Temperatur 3 Minuten zusammenfallen lassen.

Den aufgelockerten Reis hinzufügen und alles vorsichtig miteinander vermengen.

Dal-Gerichte

Kurkuma-Curry
aus gelben Linsen

Cremiges Curry aus grünen Linsen
Curry aus gelben Mungbohnen
Rote Linsen mit Kokosmilch

Cremiges Curry aus grünen Linsen Dal makhani

Zutaten jeweils für 4 Personen

Zubereitungszeit: 15 Minuten
Garzeit: 50 Minuten

150 g grüne Linsen
1 Lorbeerblatt
2 Kardamomkapseln, 2 Gewürznelken
1 Zimtstange
2 EL neutrales Pflanzenöl
1 TL Knoblauch-Ingwer-Paste (siehe Rezept Seite 26)
1 kleine grüne Chilischote, entkernt und fein gehackt
1 EL gemahlener Kreuzkümmel
Salz, 1 Prise Kurkumapulver
200 ml Tomatenpüree
100 g vorgegarte Kidneybohnen
100 ml Sahne
1 EL getrocknete Bockshornkleeblätter (optional)
2–3 Stängel frischer Koriander, Blättchen abgezupft

Die Linsen in 500 Millilitern Wasser mit dem Lorbeerblatt kochen; bei mittlerer Temperatur etwa 20 Minuten.

Für die Sauce Kardamom, Gewürznelken und die Zimtstange in einer Schwenkpfanne bei mittlerer Hitze 10 Minuten im Öl rösten.

Knoblauch-Ingwer-Paste, grüne Chilistückchen, gemahlenen Kreuzkümmel, ½ gestrichenen Teelöffel Salz und das Kurkumapulver hinzufügen. Wenn die Flüssigkeit vollständig verdampft ist, das Tomatenpüree zugeben und alles 10 Minuten zugedeckt köcheln lassen.

Grüne Linsen, Kidneybohnen, Sahne und Bockshornkleeblätter untermischen.
Den Deckel auflegen und das Ganze weitere 10 Minuten bei schwacher Hitze köcheln lassen.

Mit Korianderblättchen bestreut servieren.

Curry aus gelben Mungbohnen Dal fry

Zubereitungszeit: 10 Minuten
Ruhezeit: 1–2 Stunden
Garzeit: 25 Minuten

200 g geschälte gelbe Mungbohnen
½ TL Kurkumapulver
1 EL Kreuzkümmelsamen
3–4 Curryblätter
1 EL neutrales Pflanzenöl (oder Ghee)
1 Zwiebel, klein gehackt
1 Tomate, klein gehackt
1 TL Knoblauch-Ingwer-Paste (siehe Rezept Seite 26)
1 getrocknete rote Chilischote (optional)
1 TL gemahlener Koriander
Salz
1 Prise rotes Chilipulver

Die gelben Mungbohnen in reichlich kaltem Wasser 1 bis 2 Stunden einweichen.

In einem Topf mit der dreifachen Wassermenge ohne Salz aufkochen und mit dem Kurkumapulver 10 Minuten garen.

In der Zwischenzeit die Kreuzkümmelsamen und die Curryblätter in Pflanzenöl oder Ghee etwa 5 Minuten bei mittlerer Hitze rösten, bis sie braun werden. Zwiebel- und Tomatenstückchen, Knoblauch-Ingwer-Paste, die ge-trocknete rote Chili-schote, den gemahlenen Koriander, ½ Teelöffel Salz und das Chili-pulver hinzufügen. Den Deckel auflegen und das Ganze 10 Minuten köcheln lassen.

Die gekochten Mungbohnen abtropfen lassen und unter die Curry-Masse mischen.

Für dieses simple Alltagsgericht verwendet man die sogenannten Moong Dal (kleine gelbe Bohnen).

Kurkuma-Curry aus gelben Linsen Tarka dal

Zubereitungszeit: 10 Minuten
Ruhezeit: 1 Stunde
Garzeit: 25 Minuten

150 g Chana Dal (halbierte, gelbe Kichererbsen,die auch „gelbe Linsen“ genannt werden)
½ TL Kurkumapulver
2 Tomaten, klein gehackt
2 EL neutrales Pflanzenöl oder Ghee
1 EL Kreuzkümmelsamen
1 Prise Asafoetida-Pulver
1 Lorbeerblatt
2 kleine getrocknete Chilischoten
2 Knoblauchzehen, fein gehackt
Salz
1 Limette

Die gelben Linsen abspülen und 1 Stunde in kaltem Wasser einweichen. Dann die eingeweichten Linsen in der dreifachen Wassermenge zum Kochen bringen und zusammen mit dem Kurkumapulver und den Tomatenstückchen 15 Minuten garen.

Während die Linsen garen, das Öl bzw. Ghee erhitzen und darin Kreuzkümmelsamen, Asafoetida-Pulver, Lorbeerblatt, getrocknete Chilischoten und fein gehackten Knoblauch 10 Minuten bei starker Hitze anrösten, bis sie eine braune Färbung angenommen haben.

Die gerösteten Gewürze zu den Linsen geben. Alles gut vermischen und salzen, dann das Kurkuma-Curry mit einem Schuss Limettensaft beträufelt servieren.

Der Begriff Tarka *bedeutet, dass die Gewürze separat geröstet und erst zum Schluss unter das Dal-Gericht gemischt werden.*

Zutaten jeweils für 4 Personen

Rote Linsen mit Kokosmilch Coconut masala dal

Zubereitungszeit: 25 Minuten
Garzeit: 30 Minuten

200 g rote Linsen
2 EL neutrales Pflanzenöl
2 Zwiebeln, 1 fein gewürfelt,
1 in dünne Scheiben geschnitten
1 EL gemahlener Kreuzkümmel
1 EL Knoblauch-Ingwer-Paste (siehe Rezept Seite 26)
2 EL Tomatenmark
1 EL gemahlener Koriander
1 Prise Chilipulver
250 ml Kokosmilch
Salz
etwas Weizenmehl zum Bestäuben
2–3 Stängel frischer Koriander, Blättchen abgezupft

Die Linsen abspülen und in einen Topf mit ungesalzenem, kaltem Wasser füllen. Zum Kochen bringen und etwa 15 Minuten gar köcheln lassen. Abtropfen lassen.

Die gewürfelte Zwiebel mit dem Kreuzkümmel in einer Pfanne im Öl bei mittlerer Temperatur 10 Minuten andünsten.

Knoblauch-Ingwer-Paste, Tomatenmark, gemahlenen Koriander, Chili und 4 Esslöffel Wasser zugeben. Umrühren und bei schwacher Hitze 5 bis 10 Minuten köcheln lassen.

Die Kokosmilch angießen und salzen. Die Mischung weitere 5 Minuten köcheln lassen, danach die abgetropften Linsen untermischen. Mit frittierten Zwiebelringen (siehe Tipp unten) und Korianderblättchen garnieren.

Für hausgemachte Zwiebelringe einfach eine Zwiebel in dünne Scheiben schneiden, mit Mehl bestäuben und in heißem, aber nicht rauchendem Öl frittieren.

Vegetarische Gerichte

Da sich fast 40 % der Inder vegetarisch ernähren, leben in Indien – bei einer Gesamteinwohnerzahl von 1,2 Milliarden – rund 480 Millionen Vegetarier. Vegetarische Gerichte gibt es dort daher wie Sand am Meer. Ich stelle Ihnen hier ein paar vegetarische Rezeptklassiker vor, doch damit ist die Liste, wie Sie sich sicher denken können, noch lange nicht erschöpft!

Auberginen-püree-Curry

Baingan bharta

Zubereitungszeit: 15 Minuten
Garzeit: 25 Minuten

Zutaten für 4 Personen

2 schön glatte, glänzende Auberginen
2 EL Garam-Masala-Gewürzmischung
neutrales Pflanzenöl
2 Knoblauchzehen
1 sehr reife Tomate, fein gehackt
Salz
2 EL cremig gerührter Joghurt
4–5 Stängel frischer Koriander, Blättchen abgezupft und grob gehackt

Die Auberginen längs halbieren. Die Auberginenhälften auf der Fleischseite rautenförmig einschneiden, ohne dabei die Schale zu beschädigen. Mit Garam Masala bestäuben, dann das Fruchtfleisch mit etwas Öl beträufeln.

Die Auberginen im Backofen bei 180 °C 25 Minuten backen, dabei mit Alufolie abdecken, damit sie nicht schwarz werden.

Inzwischen in einer Schwenkpfanne die 2 durchgepressten Knoblauchzehen andünsten und bei hoher Temperatur 5 Minuten goldbraun braten.

Die Tomatenstückchen hinzugeben und salzen, dann 5 Minuten bei mittlerer Hitze mitbraten. Danach die Pfanne beiseitestellen.

Die Auberginen, sobald sie gut durchgebacken sind, abkühlen lassen. Mithilfe eines Suppenlöffels das Fruchtfleisch herauskratzen und grob zerdrücken.

Das Auberginenpüree, die Tomaten-Knoblauch-Masse, den Joghurt und eine große Handvoll gehackte Korianderblättchen miteinander vermischen.

Zum Auberginenpüree-Curry ein Naan-Brot reichen *(siehe Rezept Seite 40).*

Kartoffelcurry mit Blumenkohl und Erbsen

Aloo gobi matar

Zubereitungszeit: 15 Minuten
Garzeit: 40 Minuten

Zutaten für 4 Personen

350 g Kartoffeln
350 g Blumenkohl
1 TL schwarze Senfkörner
neutrales Pflanzenöl
2 Knoblauchzehen, fein gehackt
2 cm frische Ingwerwurzel, fein gehackt
1 Zwiebel, fein gehackt
½ TL Kurkumapulver
1 TL gemahlener Koriander
100 g frische (oder tiefgefrorene) Erbsen
4–5 Stängel frischer Koriander

Die Kartoffeln schälen und in etwa 1,5 cm große Würfel schneiden. Den Blumenkohl in kleine Röschen teilen, die etwa dieselbe Größe wie die Kartoffelwürfel haben.

Die beiden Gemüsesorten in reichlich kaltem, ungesalzenem Wasser etwa 10 Minuten kochen. Dann beiseitestellen.

In einer Schwenkpfanne die Senfkörner in 1 Esslöffel heißem Öl 5 Minuten bei mittlerer Temperatur rösten.

Knoblauch, Ingwer und Zwiebelstückchen hinzufügen. Unter Rühren 10 Minuten bei schwacher Hitze mitbraten. Die restlichen Gewürze (gemahlenen Kurkuma und Koriander) in die Pfanne geben, gründlich umrühren und 100 Milliliter Wasser angießen. Das Wasser 7 bis 10 Minuten vollständig verdampfen lassen.

Gegarte Kartoffelwürfel und Blumenkohlröschen sowie 300 Milliliter Wasser hinzufügen. Bei niedriger Temperatur 20 Minuten zugedeckt köcheln lassen.

Die Erbsen zugeben und 5 Minuten bei schwacher Hitze mitköcheln lassen. Das Kartoffelcurry mit dem frischen Koriander garnieren und als Beilage Basmatireis oder Chapati-Brot reichen.

Die Erbsen erst kurz vor dem Garende dazugeben: Auf diese Weise behalten sie ihre schöne grüne Farbe und die knackige Konsistenz.

Spinat mit Panir

Palak paneer

Zubereitungszeit: 15 Minuten
Garzeit: 45 Minuten

Zutaten für 4 Personen

neutrales Pflanzenöl
200 g Panir (siehe Rezept Seite 29), in Würfel geschnitten
1 Zwiebel, fein gewürfelt
2 Knoblauchzehen
1 kleines Stück frische Ingwerwurzel, fein gerieben
1 kleine grüne Chilischote, entkernt und fein gehackt, oder 1 Prise sehr scharfes Chilipulver (optional)
Gewürze: 2 TL Garam-Masala-Gewürzmischung,
½ TL Kurkumapulver,
1 TL gemahlener Kreuzkümmel,
1 TL gemahlener Koriander
200 ml Tomatenpüree
600 g frische Spinatblätter, grob gehackt
200 ml Sahne

In einer geölten Pfanne die Panir-Käsewürfel von allen Seiten goldbraun braten.

Die Zwiebelstückchen in etwas Pflanzenöl bei mittlerer Temperatur 10 Minuten hellbraun dünsten. Durchgepressten Knoblauch, geriebenen Ingwer, die grünen Chilistückchen, sämtliche Gewürze sowie 100 Milliliter Wasser zugeben, dann das Ganze unter gründlichem Rühren bei mittlerer Hitze 10 Minuten kochen.

Sobald das Wasser verdampft ist, das Tomatenpüree hinzufügen. Auf kleiner Flamme etwa 15 Minuten ohne Deckel köcheln lassen.

Den gehackten Spinat zur Zwiebel-Tomaten-Sauce geben. Bei schwacher Hitze 10 Minuten weiterköcheln lassen, dann die Sahne einrühren.

Den Panir unter das Curry mischen und sofort servieren.

Panir-Gemüse-Bällchen in cremiger Sauce

Malai kofta korma

Zubereitungszeit: 20 Minuten
Garzeit: 55 Minuten

Zutaten für 4 Personen

Für die Bällchen (kofta)
200 g Panir
(siehe Rezept Seite 29)
250 g Kartoffeln
100 g Möhren
100 g Erbsen
Salz
20 g Weizenmehl
neutrales Pflanzenöl

Für die Sauce
neutrales Pflanzenöl
1 Zwiebel, fein gewürfelt
2 Knoblauchzehen, püriert
2 cm frische Ingwerwurzel, geschält und püriert
1 EL Tomatenmark
1 EL gemahlener Koriander
1 EL gemahlener Kreuzkümmel
500 g sehr reife Tomaten
(oder 400 g stückige Tomaten aus der Dose)
30 g ungesalzene Cashewkerne
100 ml Sahne
10 g Butter
4–5 Stängel frischer Koriander, Blättchen abgezupft und fein gehackt

Für die kofta den Panir reiben und 1 Esslöffel davon beiseitestellen.

Das Gemüse in Salzwasser garen, dann gründlich abtropfen lassen und grob zerstampfen. Mit dem geriebenen Panir und dem Mehl vermischen, dann aus der Masse walnussgroße Bällchen formen. Die kofta in 4 Esslöffeln sehr heißem, aber nicht rauchendem Öl bei mittlerer Temperatur von allen Seiten je 5 Minuten goldbraun braten und anschließend beiseitestellen.

Für die cremige Sauce in einer Schwenkpfanne 1 Esslöffel Öl erhitzen, darin die Zwiebelstückchen sowie das Knoblauch- und das Ingwerpüree andünsten. Bei mittlerer Hitze unter Rühren 10 Minuten braten.

Tomatenmark, gemahlenen Koriander, Kreuzkümmel und 100 Milliliter Wasser hinzufügen, dann die Flüssigkeit bei mittlerer Temperatur 10 Minuten verdampfen lassen.

In einem Standmixer die Tomaten und die Cashewkerne pürieren, dann beides zur Sauce geben. Die Sauce 10 Minuten leise köcheln lassen. Sahne und Butter unterziehen, bei schwacher Hitze weitere 10 Minuten köcheln lassen. Die Panir-Gemüse-kofta in die Sauce geben, dann den gehackten Koriander und den beiseite gestellten geriebenen Panir darüber verteilen.

Als Beilage dazu passt Basmatireis.

Gebratene Okras

Bhindi masala

Zubereitungszeit: 10 Minuten
Garzeit: 20 Minuten

Zutaten für 4 Personen

500 g Okraschoten
1 rote Zwiebel
1 kleine, feste Tomate
½ grüne Chilischote, entkernt
1 kleine rote Gemüsepaprika
neutrales Pflanzenöl
Saft von ½ Limette
1 TL gemahlener Koriander
1 Prise Kurkumapulver
Salz
etwas frischer Koriander

Die Stielansätze der Okras entfernen, dann die Schoten längs in Stücke schneiden.

Zwiebel, Tomate, Chilischote und Gemüsepaprika in etwa 1 cm große Stücke schneiden.

In einer Schwenkpfanne 2 Esslöffel Öl erhitzen. Sobald es schön heiß ist (ohne dass es raucht!), darin die Okraschoten, Zwiebel-, Paprika- und Chilistückchen unter ständigem Rühren 10 Minuten anbraten.

Limettensaft, Tomatenstückchen, Gewürze und Salz in die Pfanne geben und unter Rühren 10 Minuten mitbraten.

Die Pfanne vom Herd nehmen und den frischen Koriander hinzufügen. Sofort servieren.

Okraschoten werden auch „Gombos“ oder „Ladyfingers“ genannt.

Tipp

Der Limettensaft verhindert, dass die Okras beim Kochen eine schleimige Sustanz abgeben.

Panir Korma

Paneer korma

Zubereitungszeit: 25 Minuten
Garzeit: 25 Minuten

Zutaten für 4 Personen

600 g fester Panir
(siehe Rezept Seite 29)
½ TL Kurkumapulver
plus 1 Prise zusätzlich
neutrales Pflanzenöl
1 Zwiebel, fein gewürfelt
2 Knoblauchzehen, püriert
2 cm frische Ingwerwurzel, püriert
1 EL Tomatenmark
1 EL gemahlener Koriander
Salz
500 g sehr reife Tomaten
(oder 400 g stückige Tomaten
aus der Dose)
30 g geschälte Mandeln
100 ml Sahne
10 g Butter

Den Panir in gleichmäßige Stücke schneiden. Die Käsestücke mit 1 Prise Kurkuma in 4 Esslöffeln heißem (aber nicht rauchendem) Öl von allen Seiten je 2 Minuten knusprig braun braten. Auf Küchenpapier beiseitestellen.

Für die cremige Sauce die Zwiebelstückchen sowie das Knoblauch- und das Ingwerpüree in 1 Esslöffel Öl andünsten. Unter Rühren 10 Minuten braten.

Tomatenmark, gemahlenen Koriander, ½ Teelöffel Kurkumapulver, 100 Milliliter Wasser und etwas Salz hinzufügen, dann die Flüssigkeit verdampfen lassen.

In einem Standmixer die Tomaten und die Mandeln pürieren. Die Tomaten-Mandel-Masse zur Sauce geben. Das Ganze leise köcheln lassen, dann nach etwa 10 Minuten die Sahne und die Butter einrühren. Bei niedriger Temperatur weitere 10 Minuten köcheln lassen.

Die knusprigen Panirstücke in die Sauce geben und als Beilage zum Korma-Gericht aromatisierten Basmatireis servieren.

Desserts und Getränke

Desserts werden in Indien als Süßigkeit angesehen und meistens außerhalb der Mahlzeiten verzehrt. Man isst sie als kleinen Happen zwischendurch oder zusammen mit der Familie, wenn Freunde zu Besuch kommen. Süße Speisen stehen auch für einen gewissen Wohlstand – insbesondere bei Hochzeiten oder anderen Festen fallen sie daher besonders reichhaltig und opulent aus.

Frittierte Teigbällchen in Zuckersirup

Gulab jamun

Zubereitungszeit: 25 Minuten
Ruhezeit: 15 Minuten
plus 6 Stunden bis 1 Nacht
Frittierzeit: 10 Minuten

Zutaten für 4 Personen

Für die Teigbällchen
20 g Mehl
¼ TL Backpulver
70 g Butter
150 g Milchpulver
60 ml fettarme Milch
2 EL feiner Weizengrieß (in etwas heißem Wasser eingeweicht)
neutrales Pflanzenöl
eine Handvoll Pistazien, fein gehackt

Für den Sirup
1 TL Zitronensaft
100 g Zucker

In einer Schüssel das Mehl mit dem Backpulver vermischen, dann die Schüssel beiseitestellen.

Die Butter zerlassen. In eine Schüssel gießen und das Milchpulver, die Milch und den Mehl-Backpulver-Mix zugeben.

Den eingeweichten Weizengrieß einarbeiten, bis ein Teig entstanden ist. Den Teig 15 Minuten ruhen lassen.

Für den Sirup beide Zutaten mit 100 Millilitern Wasser bei niedriger Temperatur erhitzen, bis der Sirup eine leicht braune Färbung angenommen hat.

Aus dem Teig walnussgroße Bällchen formen. Öl 2 cm hoch in eine Schwenkpfanne gießen und erhitzen, bis es heiß ist, aber noch nicht raucht. Darin die Bällchen bei mittlerer Hitze 10 Minuten ausbacken, bis sie schön goldbraun sind.

Die frittierten Bällchen aus der Pfanne nehmen und kurz auf Küchenpapier abtropfen lassen. Anschließend in den noch heißen, aber nicht mehr kochenden Sirup tauchen. Die Teigbällchen sollten sich mindestens 6 Stunden (idealerweise eine ganze Nacht) damit vollsaugen.

Die Bällchen mit den Pistazien bestreut servieren.

Unbedingt auf die Temperatur des Öls achten: Ist es zu heiß, verbrennen die Teigbällchen außen und bleiben innen roh; ist es nicht heiß genug, fallen die Bällchen auseinander.

Zutaten jeweils für 4 Personen

Lassi natur

Lassi ist *das* indische Erfrischungsgetränk schlechthin. Da es den Gaumen beruhigt, trinkt man es gerne zu scharf gewürzten Speisen. Damit das Getränk leichter bekömmlich ist, kann man es auch ohne Milch zubereiten.

Zubereitungszeit: 5 Minuten

4 Becher Vollmilch-Naturjoghurt
150 ml Milch
¼ TL Zucker
1 Prise Salz
frisch gemahlener Pfeffer

Alle Zutaten gut miteinander vermischen und vor dem Servieren mindestens 1 Stunde im Kühlschrank aufbewahren.

Mango-Lassi

Zubereitungszeit: 5 Minuten

3 Becher Vollmilch-Naturjoghurt
100 ml Milch
400 g Mangopüree
¼ TL Kardamomsamen
1 Prise Salz

Die Zutaten im Mixer vermischen und vor dem Servieren mindestens 1 Stunde im Kühlschrank aufbewahren.

Karamell-Lassi

Zubereitungszeit: 5 Minuten

4 Becher Vollmilch-Naturjoghurt
1 Vanillestange, längs aufgeschnitten und Mark ausgekratzt
4 EL Milchkonfitüre
1 Prise Salz
100 ml Milch

1 Becher Joghurt zu
Vanillemark und de
aufschlagen, dana
die Milch und den
restlichen Joghu
untermischen.
Vor dem Servie
mindestens 1 S
im Kühlsch
aufbewa

Rosen-Lassi

Zubereitungszeit: 5 Minuten

4 Becher Vollmilch-Naturjoghurt
150 ml Milch
¼ TL Ingwerpaste (siehe Rezept Seite 26)
4 EL Rosensirup
1 Prise Salz

Alle Zutaten im Mixer vermischen und vor dem Servieren mindestens 1 Stunde im Kühlschrank aufbewahren.

Zubereitungszeit: 15 Minuten
Garzeit: 5 Minuten

Zutaten für 4 Personen

- 450 ml Sahne
- 100 ml Milch
- 60 g Zucker
- 1 Bourbon-Vanillestange, längs aufgeschnitten und Mark ausgekratzt
- 2 Beutel Jasmintee
- 2 Blätter Gelatine

Jasmintee-Pannacotta

Sahne, Milch, Zucker, Vanillestange und Vanillemark in einen Topf geben. Das Ganze zum Kochen bringen und 1 Minute kochen lassen.

In der Zwischenzeit in einer Tasse mit sehr heißem Wasser den Inhalt der 2 Jasmintee-Beutel ziehen lassen, dann das Teewasser wegschütten.

Den Topf mit der Vanillesahne vom Herd nehmen und die Teeblätter hineingeben. Zugedeckt 5 bis 7 Minuten ziehen lassen.

Die Gelatineblätter 1 Minute in kaltem Wasser einweichen. Dann leicht ausdrücken und unter Rühren in der Vanillesahne auflösen. Die Vanillestange und die Teeblätter entfernen und die Pannacotta-Creme sofort auf kleine Dessertschalen verteilen.

Mindestens 2 Stunden im Kühlschrank ruhen lassen.

Tipp
Bereiten Sie diese Süßspeise doch auch einmal mit Ihrem Lieblingstee zu.

Süße Mandelschnitten

Badam burfi

Die gemahlenen Mandeln mit 200 Millilitern Milch im Mixer vermischen, bis eine glatte Masse entstanden ist.

In einer Pfanne die Butter mit den Kardamomsamen zerlassen. Die Mandelmasse und den Zucker hinzufügen, dann alles zusammen bei niedriger Temperatur erhitzen, bis der Zucker schmilzt.

Anschließend schrittweise die restliche Milch zugießen, dabei nach jeder Zugabe warten, bis die Milch fast vollständig verdampft ist.

Die Mischung bei schwacher Hitze etwa 20 Minuten fest werden lassen. Sie wird sich allmählich vom Pfannenrand lösen.

Wenn die Flüssigkeit vollständig verdampft ist, den Mandelteig in eine quadratische Form füllen und die Oberfläche glatt streichen.

Abkühlen lassen, dann in der gewünschten Form zurechtschneiden. Die Mandelschnitten mit den Kokosraspeln bestreuen.

Zubereitungszeit: 10 Minuten
Garzeit: 20 Minuten

Zutaten für 6 Stück

200 g gemahlene Mandeln
1 l Vollmilch
10 g Butter oder Ghee
(siehe Rezept Seite 31)
½ TL Kardamomsamen oder
gemahlener Kardamom
150 g Zucker
2 EL getrocknete Kokosraspel

Gut zu wissen!
Burfi *gehören zur Familie der* mithai, *der indischen Süßspeisen, die im Allgemeinen als Nachmittagsimbiss oder kleiner Snack zwischendurch und nur selten als Dessert serviert werden.*

Kulfi-Eis mit Rosengeschmack

Pista gulabi kulfi

Zubereitungszeit: 10 Minuten
Garzeit: 1 Stunde
Einfrierzeit: mindestens 4 Stunden

Zutaten für 6 Eisformen (etwa 100 ml Volumen je Form)

1 l Vollmilch
½ TL gemahlene Kardamomsamen
75 g extrafeiner Zucker
250 ml Crème fraîche
20 g gemahlene Mandeln
4 EL Rosensirup
20 g geschälte Pistazien, fein gehackt

In einem Topf die Milch zusammen mit dem gemahlenen Kardamom unter ständigem Rühren zum Kochen bringen.

Die Temperatur reduzieren und Zucker, Crème fraîche und gemahlene Mandeln untermischen. Anschließend unter regelmäßigem Rühren auf die Hälfte einköcheln lassen (das dauert etwa 1 Stunde).

Die Milch etwas abkühlen lassen, danach den Rosensirup und die Hälfte der gehackten Pistazien hineingeben. Gut umrühren, ganz abkühlen lassen und dann in Eisförmchen nach Wahl füllen.

Das Kulfi-Eis im Tiefkühlfach mindestens 4 Stunden fest werden lassen. Zusammen mit den restlichen gehackten Pistazien servieren.

Damit sich das Eis leichter aus der Form nehmen lässt, die Eisförmchen einfach unter lauwarmes Wasser halten. Das Kulfi-Eis lässt sich ganz leicht ohne Eismaschine herstellen. Es empfiehlt sich, Eisförmchen aus Metall zu benutzen, da sie die Kälte sehr gut leiten.

Bananen-Halva

Zubereitungszeit: 10 Minuten
Garzeit: 20 Minuten

Zutaten für 4 Personen

50 g Butter oder Ghee
1 TL gemahlener Zimt
50 g Rosinen
1,5 kg Bananen, in kleine Stücke geschnitten
50 g Rohrzucker
150 ml gezuckerte Kondensmilch

In einem Topf die Butter aufschäumen. Gemahlenen Zimt und Rosinen hinzufügen, dann das Ganze bei niedriger Temperatur 5 Minuten einkochen lassen.

Sobald die Rosinen aufgequollen sind, die Bananenstücke und den Zucker zugeben. Das Ganze 10 Minuten garen, dabei die Bananen leicht zerdrücken.

Anschließend die Kondensmilch zugießen und alles zusammen bei schwacher Hitze köcheln lassen, bis die Masse eindickt.

Lauwarm servieren und dazu einen Chai oder einen anderen Tee mit Milch reichen.

KERDA PICKLE
HOT MANGO
MAJOR GREY'S
TRS
ASIA'S FINEST FOODS
PURE
GRAM FLOUR
MADE FROM MILLING ONLY THE FINEST, PURE GRAM DAL WITHOUT ANY ADDITIONS
FARINE POIS CHICHE
KICHERERBSEN MEHL
KEKER BLOEM
FARINA DI CECI
1Kg e
2.2lbs
NET WT. (POIDS NET.) 20 KGS.
URID DAL CHILKA
MANGO SLICE IN SYRUP
MANGUE AU SIROP
RAMBUTAN
1,45 €
RAMBUTAN IN SYRUP
RAMBUTAN AU SIROP
Bright

MEINE RESTAURANTS

Nalas Aappakadai Paris
54, rue Louis-Blanc
75010 Paris, Frankreich
Tel. : 0033 1 42 05 50 50

Jaipur Café
17, rue des Messageries
75010 Paris, Frankreich
Tel. : 0033 1 48 01 06 00
www.jaipurcafe.fr

Dishoom
12 Upper St. Martin's Lane
London, Großbritannien
www.dishoom.com

Masala Zone
48 Floral Street
London, Großbritannien
www.masalazone.com

INDISCHE LEBENSMITTEL ONLINE

www.indische-lebensmittel-online.de
Große Auswahl an indischen Zutaten; Fertiggerichte; auch Kosmetik.

www.india-store.de
Außer indischen Lebensmitteln gibt es hier auch original indisches Geschirr, Wohnaccessoires, Schmuck und Mode, Kosmetik, Bücher, Landkarten, indische Musik, Bollywoodfilme, Fanartikel und vieles mehr.

www.atouchofspice.at
Vor allem Gewürze, aber auch andere indische Lebensmittel; Schmuck; Rezepte und Kochvideos.

www.indilaya.de
Spezialist für Wohnaccessoires aus Indien und Nepal, außerdem Textilien, Räucherstäbchen, Schmuck, Kosmetik …

MEIN BLOG

www.bollywoodkitchen.com

Ein riesengroßes Dankeschön an alle mir nahestehenden Menschen für ihre grenzenlose Unterstützung – schon zu Beginn des „Abenteuers Bollywood Kitchen" waren sie an meiner Seite.
Ein großes Dankeschön auch an Aurélie, meine Lektorin, für ihr Vertrauen und ihre Verfügbarkeit, sowie an Sophie und Patrice, die ihr ganzes Know-how in dieses Projekt gesteckt haben, um den Traum wahr werden zu lassen.
Danke auch an Birgit und Dorian für ihre klugen Ratschläge.
Ein inniges Dankeschön geht an meine Eltern und meine ganze Familie.
Und schließlich möchte ich mich noch unendlich bei Julien bedanken, für all die Kraft und Unterstützung, die er mir schenkt.

Für Jahan und Amina.

Originaltitel: *Inde : Toutes les bases de la cuisine indienne*
Original-ISBN: 978-23-17010-04-0

Programmleitung: Anne la Fay
Lektorat: Aurélie Cazenave
Kreative Leitung: Lautrent Quellet und Julie Mathieu
Satz: Elfried Werner
Korrektorat: Delphine Billaut

Übersetzung aus dem Französischen: Jutta Schiborr, Brüssel, für writehouse
Lektorat: Katrin Höller, writehouse, Köln
Satz: Röser Media, Karlsruhe, für writehouse

Gesamtherstellung: h.f.ullmann publishing GmbH, Potsdam

Printed in India, 2016

ISBN 978-3-8480-0993-0

10 9 8 7 6 5 4 3 2 1
X IX VIII VII VI V IV III II I

www.ullmannmedien.com
info@ullmannmedien.com
facebook.com/hfullmann
twitter.com/hfullmann